巧解项目规则　促进体育文明

篮球规则
速记口诀

罗建平 ● 著

四川大学出版社
SICHUAN UNIVERSITY PRESS

图书在版编目（CIP）数据

篮球规则速记口诀 / 罗建平著． — 成都：四川大学出版社，2023.7
ISBN 978-7-5690-6203-8

Ⅰ．①篮… Ⅱ．①罗… Ⅲ．①篮球运动－竞赛规则 Ⅳ．① G841.4

中国国家版本馆 CIP 数据核字（2023）第 121798 号

书　　名：	篮球规则速记口诀
	Lanqiu Guize Suji Koujue
著　　者：	罗建平

选题策划：陈　纯　梁　胜
责任编辑：梁　胜
责任校对：傅　奕
装帧设计：裴菊红
责任印制：王　炜

出版发行：四川大学出版社有限责任公司
　　　　　地址：成都市一环路南一段 24 号（610065）
　　　　　电话：（028）85408311（发行部）、85400276（总编室）
　　　　　电子邮箱：scupress@vip.163.com
　　　　　网址：https://press.scu.edu.cn
印前制作：四川胜翔数码印务设计有限公司
印刷装订：四川五洲彩印有限责任公司

成品尺寸：185 mm×260 mm
印　　张：7.75
字　　数：164 千字

版　　次：2023 年 11 月　第 1 版
印　　次：2023 年 11 月　第 1 次印刷
定　　价：36.00 元

扫码获取数字资源

四川大学出版社
微信公众号

本社图书如有印装质量问题，请联系发行部调换

版权所有　◆　侵权必究

前　言

规则是项目的基础，是保证比赛正常进行的前提。裁判员、运动员、教练员都需要学习规则。可是在一些比赛中，个别运动员不懂规则，动作粗野，误伤别人；个别教练员不研习规则，暂停换人时机不当，延误战机，甚至跑到记录台抗议；个别裁判员不精通规则，判罚缺乏依据，引起很大争议。

一些人士还存在认知性偏差，认为只有裁判员需要学习规则，其他人则无这个必要。殊不知裁判员虽然是场上的"法官"，实际身份是规则的代理人，是竞赛需要的第三方，其学习规则自不待言。但要成为高水平教练员、运动员也必须学习规则，且对规则的理解必须透彻明晰。

推而广之，篮球相关从业者皆需要懂得规则，但规则译自英文，语句偏长，句中套句，关联词多，常用"如果……"，"并且……"，"当……"等，读起来拗口费解，加之又不是文学书，没有故事情节，很难激起读者兴趣。初读规则，如云里雾里，再读规则，也不一定得其要领，还继续读规则，已属于执着者之列，以致很多规则学习者望而却步，然后放弃；最后上场去执行"丛林法则"，失去比赛文明。

鉴于此，为期盼篮球比赛更精彩，进而为社会传递更多公平与契约精神。笔者仔细研读规则，以国际篮联推出的 *Offical Basketball Rules 2022 — v1.1, Valid as of Ocotober 1, 2022* 为依据，以中国篮球协会审定的《篮球规则2022》为蓝本，将其中的每一条进行口诀化处理，使其顺口好读，也好理解，还好记忆；并在部分体育院系的篮球教学训练工作中试用，发现以此可以节省大量规则学习时间，提高规则学习效率，方便掌握规则。如先浏览规则原文，然后续读口诀，特别是连读几遍，其义自见的效果更加明显（如遇两栏口诀，先读左栏再读右栏）。

将规则口诀化，将严谨的文本条款通俗化，是一种尝试，不当错误之处在所难免，敬请读者批评指正。

笔者
2023年4月22日于成都

目 录

第一章 比 赛 ·· (1)
  第1条 定 义 ··· (1)

第二章 比赛场地和器材 ··· (2)
  第2条 比赛场地 ·· (2)
  第3条 器 材 ··· (8)

第三章 球 队 ·· (10)
  第4条 球 队 ··· (10)
  第5条 队员：受伤和协助 ··· (15)
  第6条 队长：职责和权力 ··· (17)
  第7条 主教练和第一助理教练：职责和权力 ······························ (17)

第四章 比赛通则 ·· (20)
  第8条 比赛时间、比分相等和决胜期 ······································· (20)
  第9条 比赛或节、决胜期的开始和结束 ···································· (22)
  第10条 球的状态 ·· (23)
  第11条 队员和裁判员的位置 ··· (25)
  第12条 跳球和交替拥有 ··· (25)
  第13条 如何打球 ·· (29)
  第14条 控制球 ··· (30)
  第15条 队员正在做投篮动作 ··· (30)
  第16条 球中篮和它的得分值 ··· (32)
  第17条 掷球入界 ·· (33)
  第18条 暂 停 ··· (37)
  第19条 替 换 ··· (40)
  第20条 比赛因弃权告负 ··· (44)
  第21条 比赛因缺少队员告负 ··· (45)

第五章 违 例 ·· (46)

第22条　违　例 …………………………………………（46）
　　第23条　队员出界和球出界 ……………………………（46）
　　第24条　运　球 …………………………………………（47）
　　第25条　带球走 …………………………………………（49）
　　第26条　3秒钟 …………………………………………（51）
　　第27条　被严密防守的队员 ……………………………（52）
　　第28条　8秒钟 …………………………………………（53）
　　第29条　进攻计时钟 ……………………………………（54）
　　第30条　球回后场 ………………………………………（58）
　　第31条　干涉得分和干扰得分 …………………………（59）

第六章　犯　规 …………………………………………………（63）
　　第32条　犯　规 …………………………………………（63）
　　第33条　接触：一般原则 ………………………………（64）
　　第34条　侵人犯规 ………………………………………（73）
　　第35条　双方犯规 ………………………………………（75）
　　第36条　技术犯规 ………………………………………（76）
　　第37条　违反体育运动精神的犯规 ……………………（80）
　　第38条　取消比赛资格的犯规 …………………………（82）
　　第39条　打　架 …………………………………………（85）

第七章　一般规定 ………………………………………………（88）
　　第40条　队员5次犯规 …………………………………（88）
　　第41条　全队犯规：处罚 ………………………………（88）
　　第42条　特殊情况 ………………………………………（89）
　　第43条　罚　球 …………………………………………（91）
　　第44条　可纠正的失误 …………………………………（94）

第八章　裁判员、记录台人员和技术代表：职责和权力 ……（98）
　　第45条　　裁判员、记录台人员和技术代表 …………（98）
　　第46条　主裁判员：职责和权力 ………………………（99）
　　第47条　裁判员：职责和权力 …………………………（102）
　　第48条　记录员和助理记录员：职责 …………………（104）
　　第49条　计时员：职责 …………………………………（106）
　　第50条　进攻计时员：职责 ……………………………（109）

后　记 ……………………………………………………………（113）

参考文献 …………………………………………………………（114）

第一章 比 赛

第 1 条 定 义

1.1 篮球比赛

篮球比赛由 2 队参加，每队出场 5 名队员。每队的目标是进攻对方球篮得分，并阻止对方队得分。

比赛由裁判员、记录台人员和到场的技术代表管理。

篮球比赛两队间， 每队 5 名场上见。 目标进攻对方篮， 并阻对方队得分，	比赛管理由裁判， 还有记录台人员， 以及到场的技代。

1.2 球篮：对方/本方

被某队进攻的球篮是对方的球篮，由某队防守的球篮是该队的本方球篮。

进攻之篮属对方，	防守之篮属本方。

1.3 比赛的胜者

比赛时间结束时，比赛得分较多的队是比赛的胜者。

比赛时间结束时，	得分较多为胜者。

第二章　比赛场地和器材

第 2 条　比赛场地

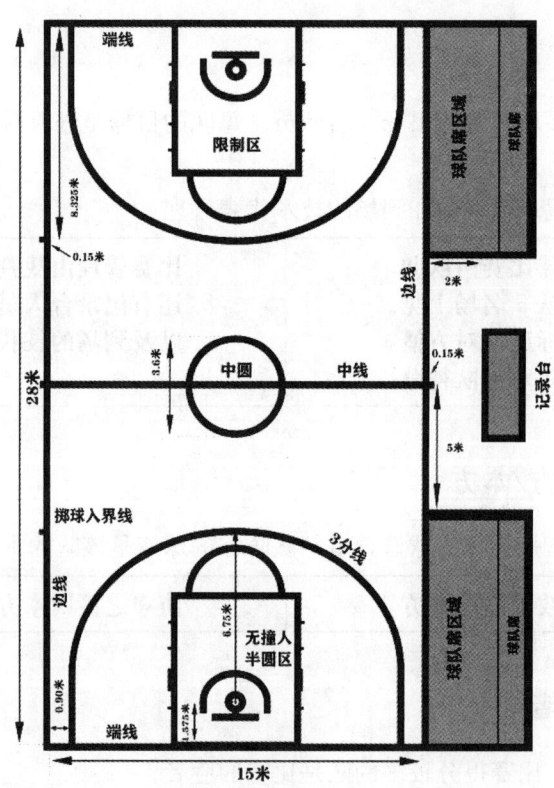

图 1　比赛场地的全部尺寸

2.1　比赛场地

比赛场地应是一块平坦、无障碍物的硬质地面（图1）。其尺寸是长 28 米、宽 15 米，从界线的内沿丈量。

| 地面平坦无障碍， | 尺寸丈量从内沿， |
| 且需硬质才规范， | 长 28 米宽 15。 |

2.2 比赛地板

比赛地板应包括比赛场地区域和围绕比赛场地向界外延伸至少 2 米的无障碍区域（图 2）。地板的尺寸最短应有 32 米，最窄应有 19 米。

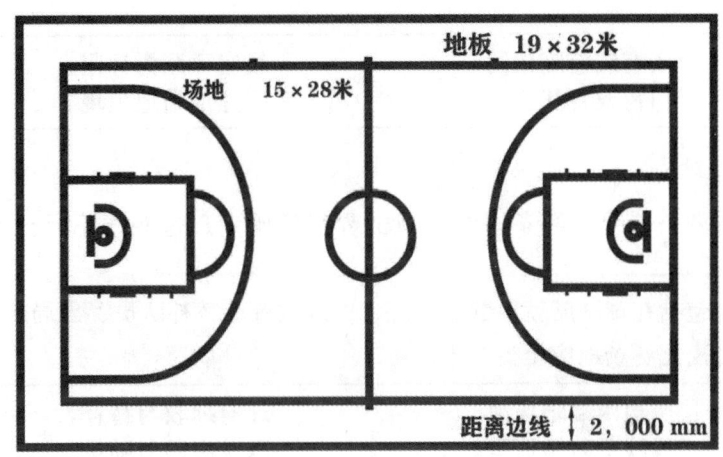

图 2　比赛场地和地板

比赛地板应包括：	至少 2 米的无障区，
比赛场地之区域，	长度至少 32 米，
加之绕其向外延，	最窄应有 19 米。

2.3 后场

某队的后场由该队本方的球篮、篮板的界内部分，以及由该队本方球篮后面的端线、两条边线和中线所界定的比赛场地部分组成。

后场包括三部分：	还有如下界定区：
本方球篮为一份，	本方篮后之端线，
篮板界内又一份，	还有两边一中线。

2.4 前场

某队的前场由对方的球篮、篮板的界内部分，以及对方球篮后面的端线、两条边线和距离对方球篮最近的中线内沿所界定的比赛场地部分组成。

前场也含三部分：	还有如下界定区：
对方球篮为一份，	对方篮后之端线，
篮板界内又一份，	还有两边中内沿。

2.5 线

所有的线应颜色相同，且应用白色或其他能明显区分的颜色画出，宽 5 厘米并清晰可见。

| 所有线色应相同， | 线宽 5 厘为标限， |
| 白色或者其它色， | 明显清晰地呈现。 |

2.5.1 界线

比赛场地由两条端线和两条边线组成的界线所限定。这些线不是比赛场地的部分。

任何障碍物包括在球队席就座的主教练、助理教练、替补队员、出局的队员和随队人员，距离比赛场地应至少 2 米。

两边两端限场地，	还有助教与替补，
界线不归场地里。	以及出局与随员，
任何障碍离场地，	距场至少为 2 米。
包括球席之主教，	

2.5.2 中线、中圈和罚球半圆

中线应从两条边线的中点画出并平行于两条端线。它向每条边线外延伸 0.15 米。中线是后场的一部分。

连接边线之中点，	就是球场之中线，
画出端线平行线，	它是后场一部分。
向外各延 15 厘，	

中圈应画在比赛场地的中央，半径为 1.80 米（从圆周的外沿丈量量）。

| 中圈画在场中央， | 从园外沿来丈量。 |
| 1.8 米半径长， | |

两个罚球半圆应画在比赛场地上，半径是 1.80 米（从圆周的外沿丈量），它的圆心在两条罚球线的中点上。（图 3）

| 罚球半圆场地上， | 从园外沿来丈量， |
| 1.8 米半径长， | 圆心罚线中点上。 |

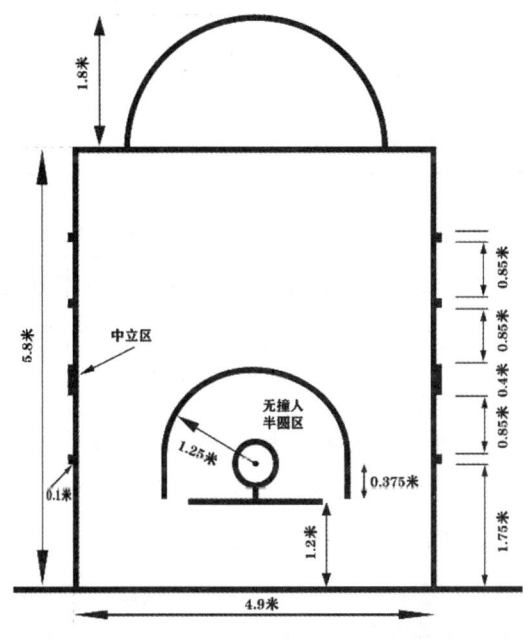

图 3　限制区

2.5.3　罚球线、限制区和罚球抢篮板球分位区

罚球线应画成与每条端线平行。从端线内沿到它的最外沿应是 5.80 米，其长度是 3.60 米。它的中点应落在连接 2 条端线中点的假想线上。

罚线平行于端线， 从端内沿来丈量， 量到它的最外沿， 距离应是 5 米 8，	自身长度 3 米 6。 罚线中点应落在， 端线中点连线上。

限制区应是画在比赛场地上的一个长方形区域，它由端线、延长的罚球线和起自端线（外沿距离端线中点 2.45 米）终于延长的罚球线外沿的线所限定。除了端线外，这些线都是限制区的一部分。

罚球时留给队员的沿限制区两侧的罚球抢篮板球分位区，应按图 3 标出。

限制区为长方形， 端线加上罚延线， 另外还有两条线， 起自端线场内延， 终于罚延之外端， 外沿距离端中点，	2.45 米长不变。 这些线属限制区， 但是端线要除外。 限制区旁分位区， 用于罚球抢篮板， 应按图 3 来标限。

2.5.4 3分中篮区域

某队的3分投篮区域（图1和图4）是除对方球篮附近被下述条件限制的区域之外的整个比赛场地的地面区域。这些条件包括：

某队3分投篮区，	下述限制区域外，
是除对方篮附近，	余下所涉之地面。

- 从端线引出的两条垂直于端线的平行线，其外沿距离边线的内沿0.90米。

端线引出两垂线，	外沿距离边内沿，
相互平行场内展，	0.95米长不变。

- 以对方球篮中心正下方场地上的点为圆心，画一个半径（圆弧外沿）是6.75米的圆弧。此圆心距离端线中点的内沿是1.575米，且该圆弧与两平行线相交。

3分线不是3分投篮区域的一部分。

对方篮心投影点，	从端内沿丈量起，
视作圆心画弧线，	1.575米为其限，
从弧外延来丈量，	且弧平行线相连。
6.75米为半径。	3分线有独特点。
圆心距离端中点，	不属3分区里面。

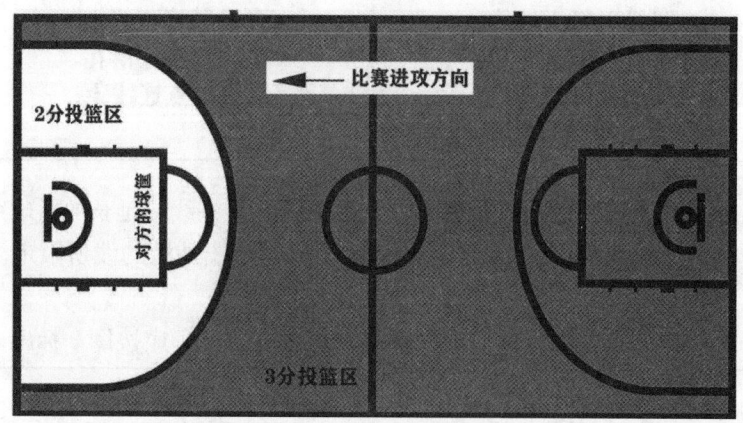

图4　2分与3分投篮区

2.5.5 球队席区域

球队席区域应由两条线在场外画出，如图1所示。

球队席区域内必须有16个座位提供给双方球队席的主教练、助理教练、替补队员、出局的队员和随队人员。任何其他人员应在球队席后面至少2米处。

球席区域两条线，	也供替补与出局，
场外画出你可见。	还有随队的人员，
区域必配16座，	如有任何其他人，
供给主教与助教，	至少2米席后面。

2.5.6 掷球入界线

两条0.15米长的掷球入界线应画在记录台对侧、比赛场地外的边线上，其外沿距离最近端线内沿是8.325米。

两条0.15米线，	量至端线之内沿，
记录台对侧场外面，	8.325米是标限。
外沿与最近端线间，	

2.5.7 无撞人半圆区

无撞人半圆区应在场地上画出，其界线是：

- 以球篮中心正下方的场地上的点为圆心，半径（半圆外沿）为1.30米的半圆。该半圆与下述的两条平行线相连接。

球篮中心投影点，	1.30米为半径。
视作圆心画半圆，	下述两条平行线，
如从外沿来丈量，	与该半圆相互连。

- 与端线垂直的两条平行线，外沿距球篮中心正下方的场地上的点距离是1.30米，其长度是0.375米，距离端线内沿1.20米。

与端垂直平行线，	1.30米长不变，
0.375米两线段，	距离端线之内沿，
外沿距离篮中心，	1.20米是标限。
正下方的场地点，	

无撞人半圆区由与篮板前沿平行的假想线和上述平行线末端连接封闭构成。

地面假想一条线，	末端相连就构成，
与板前沿呈平行，	无撞人之半圆区。
其与上述平行线，	

无撞人半圆区的界线是无撞人半圆区的一部分。

界线也属区内管。	

2.6 记录台和替换椅子的位置（图5）

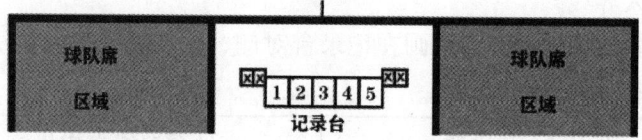

记录台及其配套的椅子必须设在一个平台上。比赛解说员和到场的统计员可坐在记录台的一侧和/或后面。

图5 记录台和替换椅子

记录用台与椅子，	4为比赛记录员，
必须同一平台上，	5为助理记录员，
1为进攻计时员，	比赛解说和统计，
2为比赛计时员，	录台一侧或后面。
3是技术代表座，	

第3条 器 材

下列器材是必需的：
- 挡件，包括：
——篮板。
——含有抗压篮圈和篮网的球篮。
——篮板支撑构架（包括包扎物）。
- 篮球。
- 比赛计时钟。
- 记录屏。
- 进攻计时钟。
- 供暂停计时用的计秒表或适宜的（可见的）装置（不是比赛计时钟）。
- 2个独立的、显然不同的、非常响亮的声响信号，分别提供给：
——进攻计时员。
——记录员/计时员。
- 记录表。
- 队员犯规标志牌。

- 全队犯规标志牌。
- 交替拥有指示器。
- 比赛地板。
- 比赛场地。
- 足够的照明。

下列器材为必需：	第七独立两信号，
挡件排在第一位，	彼此不同音响亮，
包括板篮架三样。	进攻计时用其一，
篮球排在第二位。	记录计时用另一。
比赛时钟第三位。	第八比赛记录表。
纪录屏排第四位。	第九队员犯规牌。
进攻计时第五位。	第十全队犯规牌。
第六暂停用秒表。	不忘交替指示器。
只要适宜与可见，	地板场地不可少。
其它装置也可代，	足够照明要做到。
但不能是比赛钟。	

第三章 球 队

第 4 条 球 队

4.1 定义

4.1.1 当一名球队成员按照竞赛组织部门的规程（包括年龄限制）已被批准为某队参赛时，他是合格参赛的球队成员。

按照竞赛之规程，	已获组织部门准，
包括年龄之限制，	合格参赛他已能。

4.1.2 当一名球队成员的姓名在比赛开始前已被登记在记录表上，并且他既没有被取消比赛资格，又没有发生5次犯规，是有资格参赛的球队成员。

赛前姓名被登记，	也没犯有5次规，
并且资格没取消，	是有资格参赛人。

4.1.3 在比赛时间内，一名球队成员：
- 当他在比赛场地上，并且有资格参赛时，是一名队员。
- 当他未在比赛场地上，但他有资格参赛时，是一名替补队员。
- 当他已发生5次犯规，并且不再有资格参赛时，是一名出局的队员。

比赛时间范围内，	但有资格参赛时，
如果他在场地上，	替补队员他已成。
并有资格参赛时，	如果已犯5次规，
一名队员他已成。	且没资格参赛时，
当他未在场地上，	出局队员他已成。

4.1.4 在比赛休息期间，所有有资格参赛的球队成员，被认为是队员。

比赛休息期间内，	皆被视为是队员。
有资参赛之成员，	

4.2 规定

4.2.1 每个队应按下列要求组成：
- 不超过 12 名有资格参赛的球队成员，包括一名队长。
- 一名主教练。
- 最多 8 名随队人员（包含可坐在球队席的助理教练）可坐在球队席。如果球队有多名助理教练，第一助理教练应登记在记录表上。

每队组成应如下：	最多 8 名随队人，
有资参赛之成员，	包含球队之助教，
最多不过 12 人，	可以落座球队席，
一名队长居中行。	如果助教有多名，
还有一名主教练。	第一助教应登记。

4.2.2 在比赛时间内，每队应有 5 名队员在场上并可被替换。

比赛时间范围内，	并且可以被替换。
每队 5 名应上场，	

4.2.3 一名替补队员成为队员和一名队员成为替补队员：
- 当裁判员招呼替补队员进入比赛场地时。
- 在暂停或比赛休息期间，一名替补队员向计时员请求替换时。

当被裁判招呼进，	替补身份成队员，
或者暂停与休息，	反之身份也成立。
报向记时请求替，	

4.3 服装

4.3.1 所有球员的服装应符合下述要求：
- 上衣前后的主要颜色与短裤相同。如果上衣带有袖子，袖子不能超过肘，不允许穿着长袖上衣。所有队员必须把上衣进比赛短裤内。允许穿着连体的服装。
- 短裤前后的主要颜色与上衣相同。短裤的长度必须在膝盖以上。
- 所有球员穿着与主色相同的短袜，袜子必须是可见的。

球员服装要符合：	上衣须塞短裤中。
上衣短裤之前后，	连体服装应允许。
主要颜色要相同。	短裤前后之主色，
如果上衣带有袖，	要与上衣一样同，
袖长不能超过肘。	短裤长度膝以上。
长袖上衣也不许。	袜子主色全队同，
所有队员必遵守，	并且处于可见中。

4.3.2　每一球员应穿前后有号码的背心，其清楚的单色号码的颜色与上衣的颜色有明显的区别。号码应清晰可见，并且：

- 后背的号码应至少高 16 厘米。
- 前胸的号码应至少高 8 厘米。
- 号码应至少宽 2 厘米。
- 球队仅可以使用 0，00 和 1~99 的号码。
- 同队队员不应佩戴相同的号码。
- 任何广告或标志离号码应至少 4 厘米。

球员背心有号码，	宽度至少 2 厘米，
号码清晰且可见，	号码 0 至 99，
其色单一异上衣，	00 号码也可以，
尺寸也有其规定，	同队队员号不同，
后背至少高 16，	任何广告或标志，
前胸至少 8 个厘，	距码至少 4 厘米。

4.3.3　球队必须至少有 2 套上衣，并且：

- 竞赛日程表中队名列前的队（主队）应穿浅色上衣（最好是白色）。
- 竞赛日程表中队名列后的队（客队）应穿深色上衣。
- 但是，如果两队同意，他们可以互换上衣的颜色。

球队上衣之配备，	日程表中列后队，
必须至少为 2 套，	身份界定为客队，
日程表中列前队，	应穿深色之上衣。
身份界定为主队，	但是两队如同意，
应穿浅色之上衣，	可以互换上衣色。
最好选择为白色。	

4.4　其他装备

4.4.1　队员使用的所有装备必须合乎比赛要求。任何被设计成增加队员高度或延伸范围的，或用任何其他方法得到不正当利益的装备是不允许的。

所有装备合要求，	又或采用其他法，
任何增加队员高，	以获不当之利益，
或增伸展范围度，	这种装备不可以。

4.4.2　队员不应佩戴可能使其他队员受伤的装备（物品）。

• 下列物品不允许：

——由皮革、塑料、软塑料、金属或其他坚硬的物质制造的手指、手、手腕、肘或前臂部位的护具、头盔、模件或保护套，即使表面有软的包扎。

——能割破或引起擦伤的物品（指甲必须剪短）。

——头发饰物和珠宝饰物。

队员不戴致伤物，	或被制成了头盔，
下列物品不允许：	又或模件保护套，
只要造自下列物：	即使表面软包处。
皮革塑料或软塑，	引起擦伤割破物，
或者金属坚硬物，	同样不能被允许，
由其制成了护具，	因此指甲必剪短。
保护肘或前臂部，	头发饰物不允许，
或者腕手手指处，	珠宝饰物也不许。

• 下列物品是允许的：

——肩、上臂、大腿或小腿部位的保护装备，如果其制作材料被充分地包裹了。

——用紧身材料制成的护臂和护腿的服装，包括紧身内衣与紧身内裤。

——头饰。黑色、白色或者与上衣主色相同的头饰，但同队所有队员必须颜色一致。头饰不允许完全或部分地遮住脸部的任何部位（如眼、鼻、嘴唇等），并且不允许对佩戴它的队员和/或其他队员造成危险。头饰不允许在头部和/或颈部有结合口，也不允许在其表面任何部位有突出物。

——膝关节保护架。

——伤鼻保护器，即使是用硬质材料制成。

——无色透明的牙套。

——不会对其他队员造成危险的眼镜。

——腕带和头带，最宽10厘米。

——用于手臂、肩部、腿部等处的弹力贴。

——护踝。

球队所有队员的护臂和护腿的紧身服、头饰、护腕、头带及弹力贴必须是相同且单一的颜色。

下列物品被允许： 4个位置保护物， 肩臂大腿小腿部。 如果材料充分裹。 紧身材料所制成， 护臂护腿紧身装， 紧身内衣或内裤， 还有头饰被允许； 但是颜色有要求， 黑白或者其它色， 需与上衣主色同， 而且全队必一致。 头饰也不遮脸部， 部分全部皆不许， 不论脸的任何处， 头饰也不造危险， 对己对人一样同。	头颈没有结合口， 表面也无突出物。 膝关节之保护架， 这项物品也允许。 还有伤鼻保护器， 硬材制成也允许。 无色透明之牙套， 不危他人之眼镜， 小于10厘腕头带， 臂肩腿部弹力贴， 还有护踝被允许。 球队所有的队员， 手臂腿部紧身服， 头饰护腕与头带， 还有所需弹力贴， 颜色单一且相同。

4.4.3 球鞋可以使用任何颜色组合，但是左右两只鞋必须一致。闪烁的光源、反光材料或其他装饰都是不允许的。

鞋色可用任组合， 但是左右必一致。 闪烁光源不允许，	反光材料也不许， 其他装饰也不许。

4.4.4 比赛中，任何商业广告、促销产品或慈善团体的名称、标记、徽标或其他标识，包括上面提到的但不限于这些，都不允许显示在队员的肢体上、头发中或其他部位上。

任何商业类广告， 或者促销之产品， 又或慈善之团体， 名称标记或徽标，	又或其它之标识， 包括但不限上述， 不许显示肢体上， 还有头发与它处。

4.4.5 本条中没有明确提到的任何其他装备，必须被国际篮联技术委员会批准。

任何其它之装备， 本条没有明确提，	必经篮联技委准。

第5条　队员：受伤和协助

5.1　如果队员受伤，裁判员可以停止比赛。

| 如果队员有受伤， | 裁判可以停比赛。 |

5.2　如果球是活球时发生了受伤情况，裁判员应等到控制球队投篮、失去控制球、持球停止进攻或球成死球时才可以鸣哨，除非鸣哨不置于任一队不利。但是，当有必要去保护受伤队员时，裁判员可以立即停止比赛。

| 活球状态有受伤，
等到控制球队投，
或者失去控制球，
或者持球停进攻，
又或球球成死球， | 此时裁判才鸣哨，
除了鸣哨不致于，
使任一队处不利，
但有必要保护时，
裁判可以立停赛。 |

5.3　如果受伤队员不能立即（大约15秒）继续比赛，或接受了治疗，或者接受了任何本队的主教练、助理教练、替补队员、出局的队员和/或随队人员的协助，他必须被替换，除非该队能够上场的队员少于5名。

| 伤后大约15秒，
不能立即续比赛，
或者接受了治疗，
或者接受了本队，
主或助教或替补， | 又或出局的队员，
和/或随员之协助，
此情他必被替换，
除非上场少于5。 |

5.4　主教练、助理教练、替补队员、出局的队员和随队人员，只有经裁判员允许方可进入比赛场地，在受伤队员被替换前照料他。

| 主教助教与替补，
还有出局与随员， | 只有经过裁判许，
方可入场去照顾。 |

5.5 如果医生判断受伤队员需要即时治疗，医生不经裁判员允许可进入比赛场地。

| 医生判断需即治， | 不经允许可进入。 |

5.6 比赛期间，正在流血或有伤口的队员必须被替换。该队员只有在流血已经停止，并且受伤部位或伤口已被全面安全地包扎后，才可返回比赛场地。

| 正在流血必须换，
如有伤口也必换。
队员流血已停止， | 并且伤部或伤口，
全面安全包扎后，
才可返回比赛场。 |

5.7 如果在记录员发出替换信号之前，任一队获得了暂停，在此期间，受伤队员或任何一名正在流血或有伤口的队员恢复了，该队员可以继续比赛。

| 替换信号发出前，
任意一队获暂停， | 暂停期间伤恢复，
他可继续去比赛。 |

5.8 因为受伤，已经被主教练指定为比赛开始时上场的队员，或罚球之间接受治疗的队员可以被替换。在这种情况下，如果对方也希望替换，他们有权替换相同数量的队员。

| 因伤开场不能上，
即使已被主教定，
或者处于罚球间，
因伤需要受治疗， | 队员可以被替换，
对方此时如希换。
有权替换同数量。 |

第6条 队长：职责和权力

6.1 队长（CAP）是一名由主教练指定的在比赛场地上代表他的球队的队员。在比赛期间，队长可与裁判员联系以获得信息，但是做此举要有礼貌，而且只能在球成死球和比赛计时钟停止时进行。

| 队长首先是队员，
需要主教来指定，
比赛场上代表队。
可联裁判获信息， | 但是举止要礼貌，
只能球成死球时，
并且比赛计时停。 |

6.2 如果球队申诉比赛的结果，队长应在比赛结□后15分钟内立即通如裁判员并在记录表上标有"球队申诉队长签名"栏内签名。

| 如果球队申诉果，
赛后15分钟内， | 队长通知裁判员，
且签名于申诉栏。 |

第7条 主教练和第一助理教练：职责和权力

7.1 至少在预定的比赛开始前40分钟，每位主教练或他的代表应将该场比赛中合格的参赛球队成员的姓名和相应的号码，以及球队的队长、主教练和第一助理教练的名单提交给记录员。所有在记录表上填入姓名的球队成员有权参加比赛，即使他们在比赛开始后才到达。

| 至少赛前40分，
每位主教或代表，
提交合格成员名，
还有相应的号码，
也要提交队长名， | 以及主教一助名，
表中填入之成员，
已经被赋参赛权，
即使开赛后到场。 |

7.2 至少在预定的比赛开始前 10 分钟，每位主教练应以在记录表上签字来确认已填入的他们球队成员的姓名、相应号码，以及主教练和第一助理教练的姓名。同时，主教练应指明比赛首发的 5 名队员。主队（A 队）主教练应首先提供这个名单。

至少赛前 10 分钟，	以及主教一助名，
每位主教应签字，	同时指明 5 首发，
确认成员之信息，	主队主教先完成。

7.3 只允许主教练、助理教练、替补队员、出局的队员、随队人员坐在球队席或停留在他们的球队席区域内。比赛期间，所有替补队员、出局的队员和随队人员必须保持坐着。

只许主教与助教，	或停留在席域内，
还有替补出局人，	所有替补出局人，
以及球队之随员，	还有球队之随员，
坐在自己球队席，	比赛期间须坐持。

7.4 主教练或第一助理教练可在比赛期间去记录台以获得统计资料，但是只能在球成死球和比赛计时钟停止时进行。

主教或者第一助，	但是只能死球时，
可向记录获统计，	并且比赛计时停。

7.5 主教练可以在比赛期间礼貌地与裁判员交流以获取信息，但是只能在球成死球和比赛计时钟停止时进行。

主教可与裁交流，	但是只能死球时，
有礼貌地获信息，	并且比赛计时停。

7.6 只允许主教练或者第一助理教练其中一人在比赛期间保持站立。在比赛期间，他们可与队员们讲话，只要他们停留在他们的球队席区域内。第一助理教练不得与裁判员交流。

主教或者第一助，	只要停留席域内。
只有一人保持立，	第一助教有禁为，
可与队员把话讲，	同裁交流不可行。

7.7 如果有第一助理教练,他的名字必须在比赛开始前填入记录表内(不需要他签字)。如果主教练因任何原因不能继续工作,第一助理教练应承担主教练的所有职责并行使其所有权力。

| 如果配备第一助,
赛前姓名必填记,
但不需要他签字。 | 主教不能续工作,
一助承担主教责,
并且行使其权利。 |

7.8 当队长离开比赛场地时,主教练应通知裁判员担任场上队长的队员号码。

| 队长离开比赛场,
主教通知裁判员, | 场上队长之号码。 |

7.9 如果没有主教练,或者主教练不能继续工作,并且记录表内没有登记第一助理教练(或第一助理教练不能继续工作),队长应担任队员兼主教练。如果队长必须离开比赛场地,他可以继续担任队员兼主教练。如果队长在取消比赛资格的犯规后必须离开,或如果他因为受伤不能担任队员兼主教练,替换他的队员替代他当队员兼主教练。

| 如果没有主教练,
或其不能续工作,
且表没登第一助,
或者一助不能续,
队长除了当队员,
还要兼职当主教。
如果队长必离场,
可以继续担队员, | 还兼本队之主教。
如其比赛资格消,
必须离开比赛场,
或者因为他受伤;
不能继续有担当,
替换之人担队员,
也兼球队之主教。 |

7.10 在规则没有限定罚球队员的所有情况中,主教练应指定本队的罚球队员。

| 规则没限罚球人, | 主教应当来指定。 |

第四章 比赛通则

第 8 条 比赛时间、比分相等和决胜期

8.1 比赛应由 4 节组成，每节 10 分钟。

| 比赛 4 节来组成， | 每节比赛 10 分钟。 |

8.2 在预定的比赛开始时间之前，应有 20 分钟的比赛休息期间。

| 预定比赛开始前， | 20 分钟休息期。 |

8.3 在第 1 节和第 2 节（上半时）之间，第 3 节和第 4 节（下半时）之间，以及每一决胜期之前，应有 2 分钟的比赛休息期间。

| 一二节间 2 分休，
三四节间与此同， | 决胜期前也遵从。 |

8.4 两个半时之间的比赛休息期间应是 15 分钟。

| 15 分钟半时休。 | |

8.5 一次比赛休息期间开始于：

- 预定的比赛开始时间之前 20 分钟。
- 结束一节或决胜期的比赛计时钟信号响时。

| 休息期间开始于：
20 分钟开赛前， | 或者结束信号响，
无论每节或决胜。 |

8.6 一次比赛休息期间结束于:

- 第 1 节开始,在跳球抛球中,当球离开主裁判员的手时。
- 所有其他节和决胜期的开始,当掷球入界队员可处理球时。

| 休息期间结束于:
第一节之抛球中,
球离主裁判之手。 | 或者其余各节始,
以及决胜之开始,
掷入队员可处球。 |

8.7 如果在第 4 节比赛结束时比分相等,比赛有必要再继续若干个 5 分钟的决胜期来打破平局。

对于主客场总得分制的系列比赛,如果在第 2 场比赛的第 4 节比赛结束时,两队两场比赛得分的总和相等,比赛有必要再继续若干个 5 分钟的决胜期来打破平局。

| 第 4 节完比分同,
或者主客总分制,
第 2 场的第 4 节, | 结束时候总分同,
继续若干 5 分钟,
以此决胜破平球。 |

8.8 如果一起犯规发生一节或决胜期临近结束时,裁判员应该确定剩余的比赛时间。比赛计时钟上至少应显示 0.1 秒。

| 一起犯规发生在,
一节或者决胜期,
比赛临近结束时,
裁判应该去确定, | 剩余比赛的时间,
比赛时钟应显示,
至少还有 0.1。 |

8.9 如果一起技术犯规、违反体育运动精神犯规或者取消比赛资格犯规发生在比赛休息期间,在下一节或决胜期比赛开始之前应执行最后的罚球。

| 如果一起技术犯,
或者违体精神犯,
又或取消资格犯, | 比赛休息期发生,
下节或者决胜前,
应执最后的罚球。 |

第 9 条　比赛或节、决胜期的开始和结束

9.1 在跳球抛球中，当球离开主裁判员的手时第 1 节开始。

第一节之抛跳球，球离主裁判之手，	本节比赛即开始。

9.2 所有其他节和决胜期比赛，当掷球入界队员可处理球时，该节开始。

其余各节与决胜，掷入队员可处球，	该节比赛即开始。

9.3 如果某一队在比赛场地上准备比赛的队员不足 5 名，比赛不能开始。

场上备赛不足 5，	比赛开始条件无。

9.4 对所有的比赛，在竞赛日程表中队名列前的队（主队）应拥有记录台（面对比赛场地）：

- 位于记录台左侧的球队席。
- 其球队席前方的半场作赛前准备活动。

然而，如果两队同意，他们可互换球队席和/或上半时作赛前准备活动的半场。

所有比赛皆要求，日程表中列前队，也被称之为主队。记录台位为参照，面向场地定左右，左侧为其球队席，	赛前准备之活动，就在席前之半场，然而两队如同意，可以互换球队席，和/或互换两半场，进行上半时准备。

9.5 球队下半时应交换作赛前准备活动的半场和球篮。

下半时段应交换，赛前准备活动地，	另外还应互换篮。

9.6 在所有的决胜期中，球队应继续进攻与第 4 节比赛方向相同的球篮。

所有决胜之进攻	与第四节方向同。

9.7 当结束比赛时间的比赛计时钟信号响时，一节、决胜期或比赛应结束。当篮板四周装有红色光带时，光带信号亮先于比赛计时钟信号响。

结束比赛信号响， 无论一节或决胜， 又或比赛应结束。	篮板四周红光带， 信号先于比赛钟。

第 10 条　球的状态

10.1　球可以是活球或死球。

球态活球或死球。	

10.2　球成活球，当：

- 跳球中，球离开主裁判员抛球的手时。
- 罚球中，罚球队员可处理球时。
- 球入界中，掷球入界队员可处理球时。

跳球球离主裁手， 罚球队员可处球，	还有掷入可处球， 此时球态成活球。

10.3　球成死球，当：

- 任何投篮或罚球中篮时。
- 活球中，裁判员鸣哨时。
- 在一次罚球中球明显不会进入球篮，且该次罚球后接着有：
——另一次或多次罚球时。
——进一步的罚则（罚球和/或掷球入界）时。

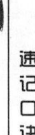

- 比赛计时钟信号响以结束一节或决胜期时。
- 某队控制球，进攻计时钟信号响时。
- 投篮中飞行的球在下述情况后被任一队的队员接触时：
  ——裁判员鸣哨。
  ——比赛计时钟信号响以结束一节或决胜期。
  ——进攻计时钟信号响。

任何投罚中篮时。 活球裁判鸣哨时。 一次罚球不会进， 接着还会有罚球， 无论一次或多次， 或有进一步罚则， 罚篮或者掷入界。 比赛时钟信号响， 结束一节或决胜。	某队场上控制球， 进攻计时信号响。 投篮之球飞行中， 此时裁判鸣了哨； 或者比赛时钟响， 结束一节或决胜， 又或进攻时钟响， 球被任一队员触， 上述时刻球死球。

10.4 球不成死球，如中篮计得分，当：

- 投篮的球在飞行中，并且：
  ——裁判员鸣哨。
  ——比赛计时钟信号响以结束一节或决胜期。
  ——进攻计时钟信号响。
- 罚球的球在飞行中，并且裁判员因除罚球队员之外的任何规则违犯而鸣哨。
- 一名投篮队员控制着球时，宣判了对方队任何队员或被允许坐在对方队球队席的任何人员的犯规，该投篮队员以连续动作完成了犯规发生前已开始的投篮。
如果在裁判员鸣哨后作了一个全新的投篮动作，此规定不适用，且如中篮不计得分。

投篮之球飞行中， 并且裁判员鸣哨， 或者比赛时钟响， 结束一节或决胜； 又或进攻时钟响。 罚球之球飞行中， 非罚之人有违犯， 裁判因此鸣了哨。 投篮队员控球时， 宣判对方有犯规，	任何队员或球席， 但是投篮连续动， 完成之前的投篮， 球态皆不成死球。 如果中篮得分有。 裁判鸣了哨之后， 队员做出全新投， 这一规定不适用， 即使中篮分没有。

第 11 条　队员和裁判员的位置

11.1　一名队员的位置由他正接触着的地面所确定。

当队员跳起在空中时,他保持当他最后接触地面时所拥有的相同位置。这包括界线、中线、3分线、罚球线、标定限制区的各条线和标定无撞人半圆区的各条线。

队员接触之地面, 就是自身的位置,	当其跳起在空中, 保持先前的位置。

11.2　一名裁判员位置的确定与一名队员位置的确定相同。当球接触裁判员时,如同接触裁判员所位于的地面一样。

确定裁判之位置, 依据与队员相同, 当球接触了裁判,	如同接触其位于, 所在地面之位置。

第 12 条　跳球和交替拥有

12.1　定义

12.1.1　一名裁判员在任何两名互为对方的队员之间将球抛起,一次跳球发生。

一名裁判在两名, 互为对方队员间,	将球抛起为跳球。

12.1.2　当双方球队各有一名或多名队员有一手或两手紧握在球上,以至不采用粗野动作任一队员就不能获得控制球时,一次争球发生。

双方各有一队员, 或者各有多队员, 各有一手或两手, 都是紧紧握球上,	以致动作不粗野, 没有人可获得球, 一次争球乃发生。

12.2 跳球程序

12.2.1 每一跳球队员的双脚应站立在靠近该队本方球篮的中圈半圆内，一脚靠近中线。

跳球队员之双脚，	半圆靠近本方篮，
站在中圈半圆内，	一脚需要靠中线。

12.2.2 如果一名对方队员要求占据其中一个位置，同队队员不得围绕圆圈占据相邻的位置。

非跳球者中圈外，	同队队员不毗连。
对方要站一位置，	

12.2.3 然后，裁判员应在两名互为对方的队员之间将球向上（垂直地）抛起，其高度超过任一队员跳起能达到的高度。

两名互为对手间，	高度超过这两人，
裁判垂直上抛球，	跳起可达最大高。

12.2.4 在球到达它的最高点后，球必须被至少一名跳球队员用手拍击。

球达最高点之后，	拍击只能用手来。
至少必被一人拍，	

12.2.5 在球被合法地拍击前，任一跳球队员都不应离开他的位置。

球被合法拍击前，	跳球队员不离开。

12.2.6 在球触及非跳球队员或地面前，任一跳球队员都不得抓住球或拍击球超过两次。

任一跳球的队员，	都不能够去抓球，
球触他人或地前，	也不超过2次拍。

12.2.7 如果球未被至少一名跳球队员拍击，则应重新跳球。

未被至少一人拍。	则应重新来跳球。

12.2.8 在球被拍击前，非跳球队员的身体部分不得在圆圈上或圆圈（圆柱体）上方。

违反 12.2.1、12.2.4、12.2.5、12.2.6 和 12.2.8 是违例。

| 跳球球被拍击前，
非跳队员之身体，
不得位于圆圈上， | 或者圆圈之上方。
除开 2/3 与 7 款，
其余违反是违例。 |

12.3 罚则

将球判给对方队员从最靠近发生违例的地点掷球入界，直接位于篮板后面的地点除外。

| 球应判给对方队，
最靠违例发生处， | 掷球入界开赛路，
直位于板后要除外， |

12.4 跳球情况

一次跳球情况发生，当：
- 宣判了一次争球时。
- 球出界，但是裁判员无法判定谁是最后接触球的队员或意见不一致时。
- 在最后一次不成功的罚球中，双方队员发生违例时。
- 一个活球夹在篮圈和篮板之间，除非：
——罚球之间。
——最后一次罚球之后还有记录台对侧球队前场掷球入界。
- 任一队既没有控制球又没有球权，球成死球时。
- 在抵消了双方球队的相等罚则后，没有留下其他要执行的犯规罚则，以及在第一次犯规或违例之前，任一队既没有控制球也没有球权时。
- 除第 1 节外的其他节，以及决胜期开始时。

| 宣判一次争球时。
或球出界无法判，
哪位最后触及球，
又或意见不同时。
最后一罚不成功，
双方队员违例时。
圈板夹住活球时，
除非正好罚球间。
或者最后一罚后，
还有记录台对侧，
球队前场掷入界。 | 没有球队控制球，
也没有队有球权，
当球变成死球时。
相等罚则抵消后，
没有犯规罚则行，
并且首犯违例前，
没有球队控制球，
也没有队有球权。
第一节外其它节，
以及决胜开始时，
这些时刻跳球来。 |

12.5 交替拥有定义

交替拥有是以掷球入界而不是以跳球来使球成活球的一种方法。

| 交替拥有用掷入， | 代替跳球成活球。 |

12.6 交替拥有程序

12.6.1 在所有跳球情况中，双方球队应交替拥有从最靠近发生跳球情况的地点掷球入界，直接位于篮板后面的地点除外。

| 所有跳球情况中， | 应为交替掷入处， |
| 最靠跳球发生处， | 直位板后要除外。 |

12.6.2 跳球后未首先获得控制活球的球队应拥有第一次交替拥有掷球入界权。

| 跳球未能控活球， | 首次交掷他拥有。 |

12.6.3 在任一节结束时，拥有下一次交替拥有球权的队应从记录台对侧的中线延长线以掷球入界开始下一节或决胜期，除非有进一步的罚球和球权罚则要执行。

任意一节结束时，	或者开始决胜期，
拥有下次交掷入，	除非还有进一步，
录台对侧中延处，	罚和球权罚则弄。
掷入开始下一节，	

12.6.4 应由指向对方球篮的交替拥有箭头来指明拥有交替拥有掷球入界球权的球队。当交替拥有掷球入界结束时，交替拥有箭头的方向立即反转。

应由交掷之箭头，	每当交掷结束时，
指向对方之球篮，	立即翻转该箭头。
明确球权谁拥有，	

12.6.5 某队在它的交替拥有掷球入界中违例，使该队失掉交替拥有掷球入界的球权。交替拥有箭头应立即反转，指明违例队的对方在下一次跳球情况中拥有交替拥有掷球入界的球权。于是将球判给违例队的对方从最初的掷球入界地点掷球入界继续比赛。

交替掷入违例时，	应该对方来拥有，
该队失去此拥有。	此时球权归对方，
交替箭头立反转，	同处掷入续比赛。
指明下一次跳球，	

12.6.6 在：
- 除第 1 节外的其他节，以及决胜期开始前，或
- 交替拥有掷球入界中，

任一球队犯规不使掷球入界队失去交替拥有掷球入界的球权。

| 第一节外其它节，还有决胜开始前，或者交替掷入中， | 任一球队之犯规，不致掷球入界队，失去交替掷入权。 |

第 13 条　如何打球

13.1　定义

在比赛中，球只能用手来打，并且球可向任何方向传、投、拍、滚或运，但受本规则的限制。

| 篮球只能用手打，任何方向传投拍， | 也可滚球与运球，但受本规之限制。 |

13.2　规定

队员不能带球跑，故意踢或用腿的任何部分阻挡球或用拳击球。然而，球意外地接触到腿的任何部分，或腿的任何部分意外地接触球，不是违例。
违反 13.2 是违例。

| 队员不能带球跑，也不能够故意踢，还不能够用腿挡，无论腿的任何部，用拳击球也不可。 | 球球意外接触腿，或腿意外接触球，无论腿的任何部，皆不违例为合法。违反此款是违例。 |

13.3　罚则

将球判给对方球队在他的前场最靠近违犯的地点掷球入界，直接位于篮板后面的地点除外。

| 球应判给对方队，在其前场掷入界，掷入地点最靠近， | 规则违犯的地点，直位板后要除外。 |

第 14 条 控制球

14.1 定义

14.1.1 球队控制球开始于该队一名队员正拿着或运着一个活球，或者可处理一个活球时。

| 球队控球开始于：
队员拿或运活球， | 或可处理一活球。 |

14.1.2 球队继续控制球，当：
- 某队一名队员控制一个活球时。
- 球在同队队员之间传递时。

| 一名队员控活球，
或者队友间传球， | 球队继续控制球。 |

14.1.3 球队控制球结束，当：
- 一名对方队员获得控制球时。
- 球成死球时。
- 在投篮或罚球中，球已经离开队员的手时。

| 对方队员获控球，
或者球成死球时， | 又或投罚球离手，
球队控制球结束。 |

第 15 条 队员正在做投篮动作

15.1 定义

15.1.1 投（投篮或者罚篮）：队员手中持球，然后朝对方球篮将球投或掷入空中。

拍投：用手直接把球打向对方球篮。

扣投：用一手或双手迫使球向下进入对方球篮。

持球突破上篮或其他移动中投篮的连续动作：队员在行进中或运球结束后拿球，

随即继续进行投篮动作，（通常是向上的）。

队员手中持有球， 朝向对方之球篮， 将球投或掷空中， 这是投篮之定义。 打向球篮为拍投。 迫球向下为扣投， 无论单手或双手。	持球突破去上篮， 或者其他移动投， 所涉投篮连续动， 是指队员行进中， 或者运完后拿球， 随即继续进行投， 通常方向向上走。

15.1.2 投篮动作
- 开始于：根据裁判员的判断，当队员将球朝着对方的球篮作向上的动作时。
- 结束于：球已离开队员的手，或者作了一个全新的投篮动作时，如果是跳起在空中的投篮队员，他必须双脚落回地面。

原地投篮开始于： 根据裁判之判断， 将球朝向对方篮， 作出向上动作时。 投篮动作结束于：	球球离开队员手， 或作全新投篮动， 如果跳起在空中， 必须双脚皆回落。

15.1.3 持球突破上篮或其他移动中投篮的连续动作：
- 开始于：根据裁判员的判断，当队员结束运球或在空中接到球后，球已在手中停留时，队员在球离开手之前开始做投篮连续动作。
- 结束于：球已离开队员的手时，或者做了一个全新的投篮动作时。如果是跳起在空中的投篮队员，他必须双脚落回地面。

持球突破去上篮， 或者其他移动投， 连续动作开始于： 当其结束了运球， 或者空中接球后， 球在手中停留时，	并且离开手之前， 连续动作结束于： 球已离开队员手， 或者做了全新投， 如果跳起在空中， 必须双脚皆回落。

15.1.4 在跑动的合法步数和投篮动作之间没有联系。

合法步数与投篮，	彼此之间无关联。

15.1.5 队员正在做投篮动作的过程中，他的手臂可能被对方队员抓住，以此来阻碍他得分。在这种情况下，球是否离开队员的手不是关键因素。

投篮动作过程中， 手臂如果被抓住，	球球是否离开手， 不为关键之因素。

15.1.6 当一名队员正在做投篮动作，在被犯规后，他将球传了出去，他不再被认为是在做投篮动作。

一名队员正投篮，被犯之后传出球，	不再视为是投篮。

第 16 条　球中篮和它的得分值

16.1　定义

16.1.1　当活球从上方进入球篮并保持在球篮中或完全地穿过球篮是球中篮。

球从上方进球篮，并且保持在其中，	或者完全穿过篮，就被视为球中篮。

16.1.2　当有极少部分的球体在球篮中并在篮圈水平面以下时，就认为球在球篮中。

极少部分之球体，位置处于球篮中，	并在圈平面之下，就是球在球篮中。

16.2　规定

16.2.1　球已进入对方的球篮，对投篮的队按如下计得分：
- 一次罚球投中篮计 1 分。
- 从 2 分投篮区域球离手，中篮计 2 分。
- 从 3 分投篮区域球离手，中篮计 3 分。
- 在最后一次罚球中，球接触篮圈后，在球进入球篮之前被任一队员合法接触，中篮计 2 分。

罚球中篮计 1 分。2 分区离手计 2 分。3 分区离手计 3 分。最后一次罚球时，	球球接触篮圈后，又被队员合法触，并且进入了球篮，此次中篮计 2 分。

16.2.2　如果队员意外地将球投入本方球篮，中篮计 2 分，并应在记录表上登记在对方队的场上队长名下。

意外投入本方篮，视作对方队长为，	此种中篮计 2 分。

16.2.3　如果队员故意地将球投入本方球篮，这是违例，中篮不计得分。

| 故意投入本方篮， | 这是违例不计分。 |

16.2.4　如果队员使球整体从下方穿过球篮，这是违例。

| 整球从下穿过篮， | 这要被判为违例。 |

16.2.5　一名队员在掷球入界中获得控制球，或者在最后一次罚球后抢篮板球时，比赛计时钟或进攻计时钟显示0.3 3/10秒）或者更多，他才可以尝试投篮。如果比赛计时钟或进攻计时钟显示0.2或者0.1，唯一的投篮方式就是拍球或者直接扣篮得分，只要在比赛计时钟或进攻计时钟显示0.0时，队员的手不再接触着球。

| 掷球入界获控球，
或者最后一罚后，
争抢获得篮板球，
比赛或者进攻钟，
显示数据0.3，
或者显示为更多，
他才可以尝试投。 | 如果显示0.2，
或者显示0.1，
投篮只能拍或扣，
只要比赛计时钟，
或者进攻计时钟，
显示数据0.0时，
队员之手没触球。 |

第17条　掷球入界

17.1　定义

17.1.1　由界外掷球入界队员将球传入比赛场地内时，掷球入界发生。

| 界外掷球之队员，
将球传入场内时， | 掷球入界乃发生。 |

17.1.2　掷球入界：
开始于：掷球入界队员可以处理球时。
结束于：
——球触及任一场上队员或被任一场上队员合法接触时。
——掷球入界队发生违例时。
——掷球入界中活球夹在篮圈和篮板之间时。

掷球入界开始于：	合法触及了球时，
掷入队员可处球。	掷入球队违例时。
掷球入界结束于：	又或掷球入界中，
球触场上一队员，	活球夹在圈板时。
或被场上一队员，	

17.2 程序

17.2.1 裁判员必须将球递交给执行掷球入界的队员或将球置于他可处理的地方。只要：

- 裁判员距离执行掷球入界的队员不超过4米。
- 执行掷球入界的队员是在裁判员指定的正确地点。

裁判员也可将球抛或反弹给执行掷球入界的队员。

裁判必须递交球，	只要裁判掷球人，
将球交给掷入人，	距离不超过4米，
抛与反弹皆可受，	并且掷球入界人，
或者置球可处处，	位于裁判指定处。

17.2.2 队员应从最靠近违犯或比赛被停止的地点执行掷球入界，直接位于篮板后面的地点除外。

队员掷球入界处，	或者比赛被停处，
应为最靠违犯处，	直位板后要除外。

17.2.3 除了第1节之外，其他所有节和所有决胜期的开始，从记录台对侧的中线延长线执行掷球入界。

掷球入界的队员应在记录台对侧，双脚分别跨立在中线延长线的两边，并有权将球传给场上任何地点的同队队员。

除了第一节之外，	掷球队员双脚跨，
其余各节与决胜，	分立中延线两边，
开始之时掷入界，	有权传向任何处。
录台对侧中延处。	

17.2.4 在第4节和每决胜期的比赛计时钟显示2:00分钟或更少时，在后场拥有球权的队暂停之后，该队主教练有权决定接下来的掷球入界，是在该队前场的掷球入界线处，还是在该队后场比赛停止时的地点执行。

第 4 节与每决胜，时钟显示 2 分钟，或者显示更少时，后场拥有球权队，	请求暂停执行后，主教有权定掷处，前场掷球入界处，或者后场停赛处。

17.2.5　控制活球队的队员或拥有球权队的队员发生侵人犯规后，比赛应从最靠近违犯的地点掷球入界重新开始。

控制活球之队员，或有球权队队员，发生侵人犯规后，	应从最靠违犯处，掷球入界上赛路。

17.2.6　技术犯规后，应从最靠近宣判技术犯规时距离球最近的地点掷球入界重新开始比赛，除非本规则另有规定。

如果技术犯规后，应从犯规宣判时，距离球球最近处，	掷球入界上赛路，除非规则另有述。

17.2.7　违反体育运动精神或取消比赛资格的犯规后，应从该队前场的掷球入界线处执行掷球入界重新开始比赛，除非本规则另有规定。

违犯体育精神后，或者取消资格后，应去前场掷入线，	此处掷入上赛路。除非规则另有述。

17.2.8　一起打架之后的比赛应按照第 39 条所陈述重新开始。

打架之后的比赛，	按 39 条上赛路。

17.2.9　每当球进入球篮，但该投篮或罚球无效，应从罚球线延长线掷球入界重新开始比赛。

当球进入了球篮，但是得分无效时，	应从罚延处掷入，重新开始上赛路。

17.2.10　投篮成功或最后一次罚球成功后：
- 非得分队的任一队员应从该队端线后的任地点掷球入界。这也适用于投篮成功或最后一次罚球成功后的一次暂停或任一比赛的中断之后，在裁判员将球递交给执行掷球入界的队员或将球置于他可处理的地方后。
- 从端线后执行掷球入界的队员可沿着端线横向移动和/或后移，并且球可在端

线后的同队队员之间传递。但是，当界外第一位队员可处理球时，5秒计算开始。

| 投篮取得成功后，或者最后一罚中：非得分队之队员，任意一人端线后，任意地点掷入界，这也适用投中后，或者最后一罚中，一次暂停或中断， | 裁判已经递交球，或者置球可处后。掷球队员可横动，和/或后移不算错，并且同队队员间，端线后面可传球，但当界外可处球，5秒计算已启动。 |

17.3 规定

17.3.1 执行掷球入界的队员不应：
- 超过5秒球才离手。
- 球在手中时步入比赛场地内。
- 掷球入界的球离手后，使球接触界外。
- 在球触及另一队员前，在场上接触球。
- 直接使球进入球篮。
- 在球离手前，从界外指定的掷球入界地点，在一个或两个方向上横向移动总距离超过1米。然而，只要情况许可，执行掷球入界的队员从界线后退多远都可以。

| 掷球队员不应该：超过5秒球离手。球在手时步入场。球球离开手之后，另一队员触球前，使球接触了界外。进入场地触击球。 | 直接使球进球篮。球球离开手之前，从界外的指定点，一或左右横向移，总距超过了1米。然而只要情况许，后退多远都可以。 |

17.3.2 在掷球入界中其他队员不应：
- 在球被掷过界线前，将身体的任何部位越过界线。
- 当掷球入界地点的界线外任何障碍物和界线之间距离少于2米时，靠近执行掷球入界的队员在1米之内。

| 掷球入界过程中，球被掷过界线前，其他队员不应该：部分身体越过线。 | 界线障碍间距离，间隔少于2米时，靠近界外掷球人，距离少于了1米。 |

17.3.3 第4节或每个决胜期比赛计时钟显示2：00分钟或更少时，有一起掷球入界，在管理掷球入界过程中，裁判员应使用非法超过界线的手势进行警告。如果一名防守队员：
· 将他身体的任何部分移动超过界限以干扰掷球入界，或
· 当掷球入界地点的距离少于2米时，靠近执行掷球入界的队员在1米之内。
这是一起导致技术犯规的违例。
违反17.3是违例。

| 第4节或每决胜，
时钟显示2分钟，
或者显示更少时，
管理掷入过程中，
裁判应用其手势，
警告非法过线行。
如果1名防守人：
部分身体越过界， | 以图干扰掷入界，
或者掷球入界点，
距离少于2米时，
此人靠近掷球人，
距离处于1米内，
这要算作一违例，
并致一次技术犯，
违反17.3是违例。 |

17.4 罚则

将球判给对方队员从原掷球入界的地点掷球入界。

| 球权判给对方队， | 原掷入处掷入界。 |

第18条 暂 停

18.1 定义

主教练或第一助理教练请求中断比赛是暂停。

| 主教或者第一助，
请求比赛中断停， | 这是暂停之内涵。 |

18.2 规定

18.2.1 每次暂停应持续1分钟。

| 每次暂停1分钟。 | |

18.2.2　在暂停机会期间可以准予暂停。

| 暂停机会可暂停。 | |

18.2.3　一次暂停机会开始，当：
- （对于双方队）球成死球，比赛计时钟停止，以及当裁判员已结束了与记录台的联系时。
- （对于双方队）在最后一次罚球成功后，球成死球时。
- 对于非得分队，中篮得分时。

暂停机会开始于：	中后球成死球时，
球成死球计时停，	此时双方可暂停。
以及裁判记录台，	一队中篮得分时，
联系已经结束时，	非得分队可暂停。
或者最后一罚球，	

18.2.4　当队员在掷球入界或第一次的罚球可处理球时，一次暂停机会结束。

| 暂停机会结束于： | 或第一罚可处球。 |
| 掷球入界可处球， | |

18.2.5　每队可准予：
- 上半时2次暂停。
- 下半时3次暂停，第4节当比赛计时钟显示2：00分钟或更少时最多2次暂停。
- 每一个决胜期一次暂停。

每队可给暂停数：	时钟显示2分钟，
上半时段限2次。	或者显示更少时，
下半时段为3次。	最多给予2暂停。
比赛打到第4节，	每一决胜1次停。

18.2.6　未用过的暂停不得遗留给下半时或决胜期。

| 没有用过的暂停， | 或者留给决胜期。 |
| 不得留给下半时， | |

18.2.7　除了对方队员中篮得分并且没有宣判违犯后准予的暂停外，应给首先提出暂停请求的主教练或第一助理教练的队登记暂停。

除了对方得了分，	应给首先提出来，
并且没有判犯规，	暂停请求的球队。
所准予的暂停外，	

18.2.8 在第 4 节或每一决胜期的比赛计时钟显示 2：00 分钟或更少时，在一次中篮成功后，不允许得分队暂停，除非裁判员已中断了比赛。

| 第 4 节或决胜期，时钟显示 2 分钟，或者显示更少时， | 一次成功中篮后，不许得分队暂停，除非裁判停比赛。 |

18.3 程序

18.3.1 只有主教练或第一助理教练有权请求暂停。他应与记录员建立目光联系或亲自到记录员处清楚地要求暂停，并用手做出正确的常规手势。

| 主教一助请暂停，他应该与记录员，建立目光之联系， | 或者亲到记录台，清楚要求给暂停，并做正确之手势。 |

18.3.2 一次暂停请求只可在记时员发出该次暂停请求的信号之前被取消。

| 暂停可以被取消， | 但需记时发号前。 |

18.3.3 暂停时段：
- 当裁判员鸣哨并给出暂停手势时开始。
- 当裁判员鸣哨并招呼球队回到比赛场地上时结束。

| 暂停时段开始于：裁判鸣哨给手势， | 暂停时段结束于：裁判鸣哨招呼回。 |

18.3.4 暂停机会一开始，计时员就应发出信号，通知裁判员某队已请求了暂停。

如果某队已请求了暂停，在对方队中篮得分时，计时员应立即停止比赛计时钟并发出信号。

| 暂停机会一开始，记时员就发信号，通知场上裁判员，某队请求了暂停。 | 如果某队请暂停，对方中篮得分时，计时立停计时钟，并且发出其信号。 |

18.3.5 在暂停期间，以及第 2 节和第 4 节或每一决胜期开始之前的比赛休息期间，队员们可以离开比赛场地并坐在球队席上，任何允许坐在球队席的人员可以进入比赛场地，只要他们留在他们的球队席区域附近。

各个暂停期间内，	并且坐在球队席，
以及第2第4节，	球队席上之成员，
又或每一决胜期，	此时也可进场地，
开赛之前休息期，	只要留在区附近。
队员可以离场地，	

18.3.6 如果第一次罚球，球置于罚球队员可处理之后，任一队请求了一次暂停，则在下列情况下暂停应被准予：
- 最后一次罚球成功。
- 最后一次罚球，如果不成功，随后还有掷球入界。
- 在多次罚球之间宣判了犯规。这种情况下，应完成多次罚球，在新的犯规罚则执行之前。除非本规则另有规定。
- 在最后一次罚球后，在球成活球前宣判了一次犯规。这种情况下，在执行新的犯规罚则之前。
- 在最后一次罚球后，在球成活球前宣判了一次违例。在这种情况下，在执行掷球入界之前。

如果1个以上的犯规罚则造成连续的罚球单元和/或球权，每个单元分别处理。

如果第一次罚球，	除非本规另规定。
球被置于可处后，	最后一次罚球后，
任意一队请暂停，	球活之前判犯规，
下列情况应放行：	犯规罚则执行前。
最后一罚成功后。	最后一罚成功后，
最后一罚不成功，	球活之前判违例，
随后还有掷入界。	执行掷球入界前。
多罚之间判犯规，	1个以上的犯规，
多次罚球完成后，	罚则造成多单元，
新的罚则执行前，	每个单元分别处。

第19条 替 换

19.1 定义

替补队员请求中断比赛成为队员是一次替换。

替补请求断比赛，	成为队员是替换。

19.2 规定

19.2.1 在替换机会期间球队可以替换队员。

| 替换机会期间换。 | |

19.2.2 一次替换机会开始：
- （对于双方队）当球成死球，比赛计时钟停止，以及裁判员已结束了与记录台的联系时。
- （对于双方队）在最后一次罚球成功后，球成为死球时。
- （对于非得分队）在第4节或每一决胜期的比赛计时钟显示2：00分钟或更少，中篮得分时。

| 替换机会开始于：
球成死球计时停，
以及裁判记录台，
联系已经结束时，
或者最后一罚球，
中后球为死球时， | 双方球队可替换。
第四节或每决胜，
时钟显示2分钟，
或者显示更少时，
一队投篮得了分，
非得分队可替换。 |

19.2.3 一次替换机会结束于掷球入界的队员可处理球时，或第一次的罚球可处理球时。

| 替换机会结束于：
掷球入界可处球， | 第一罚球可处球。 |

19.2.4 队员已成为替补队员和替补队员已成为队员，分别不能重新进入比赛或离开比赛，直到一个比赛的计时钟运行片段之后球再次成死球为止。除非：
- 某队能够上场的队员少于5名。
- 作为纠正失误的结果，拥有罚球权的队员已被合法地替换后坐在球队席上。

| 队员已经成替补，
并且替补成队员，
分别不能重替换，
直到时钟走片段，
球态再次为死球。 | 除非能够上场者，
人数已经不足5。
或者由于纠失误，
罚球队员已换下，
坐于自己球队席。 |

19.2.5 在第4节或每个决胜期的比赛计时钟显示2：00分钟或更少时，一次成功的投篮后比赛计时钟停止时，不允许得分队替换，除非裁判员已中断了比赛。

| 第4节与每决胜，
时钟显示2分钟，
或者显示更少时， | 投中过后时钟停，
不许得分队替换，
除非裁判断比赛。 |

19.2.6 如果队员接受了任何治疗或任何协助,他必须被替换,除非该队能上场的队员少于 5 名。

队员接受了治疗,	除非该队能上场,
或者接受任何助,	已经少于了 5 名。
他必须被替换掉,	

19.2.5

19.3 程序

19.3.1 只有替补队员有权请求替换。他(不是主教练或第一助理教练)应到记录台清楚地要求替换,用双手做出常规替换手势或者坐在替换的椅子上。他必须立即做好比赛的准备。

替补队员请求换,	并用双手做手势,
他应来到记录台,	或者落座替换椅,
清楚要求需替换,	立即做好准备赛。

19.3.2 一次替换请求可以被撤销,但只可在记时员发出该次替换请求的信号之前。

| 替换可以被取消, | 但需记时发号前。 |

19.3.3 替换机会一开始,记时员就应发出信号通知裁判员替换请求已提出。

| 替换机会一开始, | 通知场上裁判员, |
| 记时就应发信号, | 替换请求已提出。 |

19.3.4 替补队员应停留在界线外,直到裁判员鸣哨、给出替换手势和招呼他进入比赛场地。

| 替补停在界线外, | 给出手势并招换, |
| 直到裁判已鸣哨, | 他才进入比赛场。 |

19.3.5 已被替换的队员不必向裁判员或计时员报告,允许他直接去他的球队席。

| 已被换下的队员, | 也不必告计时员, |
| 不必报告裁判员, | 可直去他球队席。 |

19.3.6 替换应尽可能快地完成。已发生第 5 次犯规或已被取消比赛资格的队员必须立即被替换(不超过 30 秒)。根据裁判员的判断,如果有不必要的延误,应

给违犯的队登记一次暂停。如果该队没有剩余的暂停，可登记主教练一次技术犯规（"B"）。

替换应该快完成，	如有不必要耽误，
5犯或者消资格，	登记该队一暂停，
应该立即被替换，	如果没有剩暂停，
时间不超30秒。	可记主教一技犯。
根据裁判之判断，	

19.3.7 如果在一次暂停或非半时的比赛休息期间中请求替换，该替换队员必须在比赛前向记时员报告。

暂停期间再加上，	替换队员要牢记，
非半时的休息期，	赛前报告记时员。

19.3.8 如果罚球队员因为：
- 受伤了，或
- 已发生第5次犯规，或
- 已被取消比赛资格，

他必须被替换。罚球必须由替换他的替补队员执行，并且该替补队员在比赛的下一个计时钟运行片段前，不能再次被替换。

罚球队员因受伤，	谁替换他谁罚球，
又或资格被取消，	并且下一片段前，
他应必须被替换，	此人不能再被换。

19.3.9 第一次罚球，球置于罚球队员可处理球之后，如果任一队请求替换，则在下列情况下替换应被准予：
- 最后一次的罚球成功。
- 最后一次罚球，如果不成功，随后还有掷球入界。
- 在多次罚球之间宣判了犯规。这种情况下，多次罚球应完成，在新的犯规罚则执行之前允许替换。除非本规则另有规定。
- 在最后一次的罚球后，在球成活球前宣判了一次犯规。这种情况下，在执行新的犯规罚则之前允许替换。
- 在最后一次的罚球后，在球成活球前宣判了一次违例。这种情况下，在执行掷球入界之前允许替换。

如果1个以上的犯规罚则带来连续的罚球单元和/或球权，每个单元分别处理。

如果第一次罚球,	除非本规另规定。
球被置于可处后,	最后一次罚球后,
任意一队请替换,	活球之前判犯规,
下列情况要准办:	犯规罚则执行前,
最后一罚成功后。	最后一次罚球后,
最后一罚如不成,	活球之前判违例,
随后还有掷入界。	执行掷球入界前,
多罚之间判犯规,	1个以上的犯规,
多次罚球完成后,	罚则造成多单元,
新的罚则执行前,	每个单元分别处。

第20条　比赛因弃权告负

20.1　规定

如果球队:
- 在比赛预定的开始时间15分钟后不到场或不能使5名队员入场准备比赛。
- 它的行为阻碍比赛继续进行。
- 在主裁判员通知比赛后拒绝比赛。

那么,该队由于弃权使比赛告负。

球队如有下行为:	或者行为碍比赛,
预定开赛时间后,	继续正常地进行,
15分钟不到场;	或被主裁通知后,
或不能使5队员,	最后选择拒绝赛。
入场准备去比赛。	判为弃权比赛负。

20.2　罚则

20.2.1　判给对方队获胜,且比分为20∶0。此外,弃权的队在名次排列中得0分。

判给对方队获胜,	弃权之队排名时,
比分记为20∶0,	得分仅仅视为0。

20.2.2　对于两场比赛(主和客)总分定胜负的一组比赛和季后赛(3战定胜负),在第1场、第2场或第3场比赛中弃权的队应使该组比赛或季后赛因弃权告负。这不适用于季后赛(5战定胜负和7战定胜负)。

对于主客两场赛，并且总分定胜负，以及 3 战季后赛，任意一场弃权队，	整个比赛弃权负，这不用于季后赛，5 或 7 战定胜负。

20.2.3　如果在一次联赛中，一个球队弃权两次，该队应被取消比赛资格，并且该队在所有比赛的结果都视为无效。

如果一次联赛中，一队弃权达 2 次，该队资格应取消。	有关该队比赛果，都应视为没有效。

第 21 条　比赛因缺少队员告负

21.1　规定

在比赛中，如果某队在比赛场地上准备比赛的队员少于 2 名，该队因缺少队员使比赛告负。

比赛进行过程中，某队场上之队员，	已经少于了 2 名，该队缺人而告负。

21.2　罚则

21.2.1　如判获胜的队领先，则在比赛停止时的比分应有效。如判获胜的队不领先，则比分应记录为 2∶0，对该队有利。此外，缺少队员的队在名次排列中应得 1 分。

如判获胜队领先，则在比赛停止时，实际比分应有效。如获胜队不领先，	比分记为 2∶0，应对该队才有利。后续名次排列中，缺人之队得 1 分。

21.2.2　对于两场比赛（主和客）总分定胜负的一组比赛，在第 1 场或第 2 场比赛中缺少队员的队应使该组比赛因"缺少队员"告负。

对于主客两场赛，并且总分定胜负，	任意一场缺队员，该组比赛即告负。

第五章 违 例

第 22 条 违 例

22.1 定义

违例是违犯规则。

违例是违犯规则。

22.2 罚则

将球判给对方队员从最靠近发生违例的地点掷球入界，直接位于篮板后面的地点除外，除非本规则另有规定。

罚则对方掷入界， 地点最近违例处，	篮板后面要除外， 除非规则另有述。

第 23 条 队员出界和球出界

23.1 定义

23.1.1 当队员身体的任何部分接触界线上方、界线上或界线外的除队员以外的地面或任何物体时，即是队员出界。

队员身体一部分， 接触界线之上方， 界线上或界线外，	除开队员的地面， 或者任何物体时， 即是队员之出界。

23.1.2 当球接触了：
- 在界外的队员或任何其他人员时。
- 界线上方、界线上或界线外的地面或任何物体时。
- 篮板支撑架、篮板背面或比赛场地上方的任何物体时。

是球出界。

当球接触下所列： 界外队员或他人。 界线上方或线上， 或者界外之地面， 又或界外任何物。	还有篮板支撑架， 以及篮板之背面， 或者场地之上方， 上述任何物体时， 即是球球出了界。

23.2 规定

23.2.1 在球出界，以及球接触了除队员以外的其他物体而出界之前，最后接触球或被球接触的队员是使球出界的队员。

球球出界发生前， 最后触球的队员，	或被球触的队员， 是他使球出界外。

23.2.2 如果球出界是由于接触了界线上或界线外的队员或被他所接触，是该队员使球出界。

由于触及界线上， 或者界线外队员，	或者被他所接触， 是他使球出界外。

23.2.3 在争球期间，如果队员移动到界外或他的后场，一次跳球情况发生。

如果争球到界外， 或者移动到后场，	一次跳球来判断。

第 24 条 运 球

24.1 定义

24.1.1 运球是指一名控制活球的队员在场上将球掷、拍、滚或反弹在地面上而使球移动的动作。

一名队员控活球， 场上掷球或拍球，	又或滚球或反弹， 使球移动是运球。

24.1.2 当在场上已获得控制活球的队员将球在地面上掷、拍、滚、运或弹在地面上,并在球接触另一队员之前再次接触球,为运球开始。

队员在运球过程中不得将手的任何部分置于球的下方并从一处移动到另一处,也不得使球在手中停留后再继续运球。

在运球的时候球可被掷向空中,只要掷球的队员用手再次接触球之前球接触地面或另一队员。

当球不与队员的手接触时,队员可行进的步数不受限制。

当队员双手同时接触球或允许球在一手或双手停留时运球结束。

场上队员控活球,	也不能够再运球。
掷拍滚球地面上,	运球可向空中掷,
运或弹起地面上,	只要掷球的队员,
并在球触别人前,	用手再次触球前,
再次触及到球球,	球触地面或别人。
就为运球之开始。	当球不与手接触,
队员运球过程中,	行进不限其步数。
手的任何一部分,	双手同时触及球,
不得置于球下方,	或者球在手停留,
携球一处到另处,	无论双手或单手,
球在手中停留后,	视为运球之结束。

24.1.3 队员意外地失掉并随后在场上恢复控制活球,被认为是漏接球。

场上意外失活球,	应被视为漏接球。
随后恢复对其控,	

24.1.4 下列情况不是运球:
- 连续的投篮。
- 一次运球的开始或结束时漏接球。
- 从其他队员的附近用拍击球来试图获得控制球。
- 拍击另一队员控制的球。
- 拦截传球并获得控制球。
- 只要不发生带球走违例,将球在两手之间抛接并在球接触地面前,允许球在一手或者两手中停留。
- 将球掷向篮板并再次获得控制球。

以下情况非运球：	只要不是带球走，
连续投篮是其一。	两手之间抛接球，
运球前后漏接球。	并在球触地面前，
其他队员身附近，	允许球在手停留，
拍击球来试图控。	无论单手与双手。
拍击他人已控球。	向板掷球再控球。
拦截传球并控球。	

24.2 规定

队员第一次运球结束后不得再次运球，除非在两次运球之间由于下述原因他已在场上失去了控制活球：

- 投篮。
- 球被对方队员接触。
- 传球或漏接，然后球接触了另一队员或被另一队员接触。

一次运球结束后，	因为投篮失控球，
不得再次又运球，	对方触球失控球，
除非两次运球间，	传球或者漏接后，
下述原因失控球：	球触他人或被触。

第 25 条 带球走

25.1 定义

25.1.1 当队员在场上持着一个活球，其一脚或双脚超出本条款所述的限制，向任一方向非法的运动是带球走。

队员场上持活球，	超出本规之限制，
一脚两脚非法动，	即被视为带球走。

25.1.2 在场上正持着一个活球的队员用一只脚（称为"中枢脚"）保持与地上某个点的接触，而另一只脚向任一方向踏出一次或多次的合法运动是旋转。

持有活球之队员，	另一只脚任意跨，
一脚始终保持着，	无论一次或多次，
与地某点之接触，	此动合法是旋转。
该脚称为中枢脚，	

25.2 规定

25.2.1 对在场上接住活球的队员确立中枢陆

· 一名队员接住球时，双脚站在地面上：
——一只脚抬起的瞬间，另一只脚成为中枢脚。
——开始运球时，在球离手前中枢脚不得离开地面。
——队员可以跳起中枢脚传球或投篮，但在球离手前，任意一只脚不得落回地面。

队员接住活球时， 双脚站于地面上： 一脚抬起之瞬间， 另一脚成中枢脚。 每当开始了运球，	球球离开手之前， 中枢不得离地面。 跳起中枢可投传， 但当球球离手前， 没有一脚回地面。

· 一名队员在移动中或在结束运球时拿球，他可以移动2步完成停步、传球或者投篮。
——如果接到球的队员开始运球，他应在第2步（脚接触地面）之前球离手。
——队员获得控制球之后，一只脚接触地面或双脚同时接触地面时，就视为是第1步。
——在队员确立了第1步后，当他的另一只脚接触地面或双脚同时接触地面时，就视为是第2步。
——如果队员在第1步就完成了停步，此时他双脚站在地面上时，或是两脚同时接触地面时，他可以用他的任一只脚作为中枢脚进行旋转。如果随后他双脚跳起，那么，在他球离手之前，任一只脚都不得落回地面。
——如果队员是脚分先后落地完成（合法）停步时，他仅可以用那只先着地的脚作为中枢脚进行旋转。
——如果队员第1步是一只脚落地，随即又跳起该脚，他可以双脚同时落地作为他的第2步。在这种情况下，该队员不可以再用任一只脚为中枢脚进行旋转。如果随后他的一脚或双脚离开地面，那么，在球离手前哪一只脚都不得落回地面。
——如果队员双脚离开地面后又双脚同时落地作为第1步时，那么，在一只脚抬离地面的瞬间，另一只脚就成为中枢脚。
——队员结束运球或获得控制球后，他不得用同一只脚或双脚连续地接触地面行进。

队员移动中拿球，	完成合法停步时，
或者结束运球拿，	如果脚分先后落，
可移2步来停步，	先着地脚为中枢。
或者完成传或投。	如第一步单脚落，
接球之后开始运，	随后该脚又跳起，
第二步前球离手。	他可双脚同时落，
队员获控球以后，	作为他的第二步，
如果一脚触地面，	此时没有中枢脚，
或者双脚同时触，	不可进行旋转动；
就视为是第一步。	如果随后离地面，
第一步被确定后，	无论一脚或双脚，
另一只脚触地面，	球球离开手之前，
或者双脚同时触，	任意一脚不回落。
即视为是第二步。	如果双脚离地面，
如第一步完成停，	接着双脚同时落，
此时双脚站地面，	以此作为第一步，
或者同时触地面，	一脚离地之瞬间，
任意一脚可中枢，	另一只脚成中枢。
可以进行旋转动；	队员结束运球后，
如果随后双跳起，	或者获得控球后，
球球离开手之前，	不得同脚或双脚，
任意一脚不回落。	连续触地行进动。

25.2.2 一名跌倒、躺在或坐在地面上的队员：
- 当一名队员持着球跌倒并在地面上滑行，或躺在地面上或坐在地面上时获得了控制球，这是合法的。
- 如果随后该队员持球滚动或持着球尝试站起来，这是违例。

持球跌倒并滑行，	如果队员持球滚，
或者躺坐获控球，	或者持球试站起，
视为合法不违规。	这是违例才正确。

第 26 条　3 秒钟

26.1　规定

26.1.1　某队在前场控制活球并且比赛计时钟正在运行时，该队的队员不得在对方队的限制区内停留超过持续的 3 秒。

| 某队前场控活球，并且比赛钟正走， | 停留对方限制区，不超连续3秒钟。 |

26.1.2 队员在下列情况中应被默许：
- 他试图离开限制区。
- 他在限制区内，当他或他的同队队员正在做投篮动作并且球正离开或恰已离开投篮队员的手时。
- 他在限制区内已接近3秒时运球投篮。

| 下列情况应默许：试图离开限制区。虽然已在限制区，但是该人或队友，正做投篮之动作， | 并且球正离开手，或者恰已离开手。处于区内近3秒，但是选择运球投。 |

26.1.3 为证实队员自身位于限制区外，他必须将双脚置于限制区外的地面上。

| 为证自己限区外， | 双脚区外地面上。 |

第27条 被严密防守的队员

27.1 定义

一名队员在场上正持着一个活球，一名对方队员在距离他不超过1米处，并采取积极的、合法防守的动作时，该持球队员是被严密防守的队员。

| 队员场上持活球，距他不超1米处， | 一人积极合法守，就是持球被严守。 |

27.2 规定

一名被严密防守的队员必须在5秒内传球、投球或运球。

| 一名队员被严守， | 5秒之内运传投。 |

第 28 条 8 秒钟

28.1 规定

28.1.1 每当：
- 一名在后场的队员获得控制活球时，或
- 在掷球入界中，球接触后场的任何队员或者被后场的任何队员合法接触，掷球入界队员所在队仍拥有在后场的球权。

该队必须在 8 秒内使球进入该队的前场。

每当后场一队员， 获得控制活球时， 或在掷球入界中， 球触后场一队员， 或被队员合法触，	掷入队员所在队， 仍有后场之球权， 该队必须 8 秒内， 使球进入其前场。

28.1.2 每当：
- 没有被任何队员控制，球接触前场时。
- 球接触或者被双脚完全在他前场的进攻队员合法接触时。
- 球接触或者被有部分身体在他后场的防守队员合法接触时。
- 球接触有部分身体在控制球队前场的裁判员时。
- 运球队员在后场往前场运球的过程中，球和双脚完全进入前场时。

就是球队使球进入该队的前场。

每当无人控球时， 球球接触前场时。 球球接触进攻人， 或被进攻合法触， 进攻队员之两脚， 全在他的前场时。 球球接触防守人， 或被防守合法触， 防守部分之身体，	位于他的后场时。 球球接触裁判员， 裁判部分之身体， 位于进攻前场时。 运球后场向前场， 球与此人之两脚， 完全接触前场时， 球队使球进前场。

28.1.3 当先前已控制球的同一队由于下列情况的结果被判在后场掷球入界时，8 秒应从剩余时间处连续计算：
- 球出界。

- 一名同队队员受伤。
- 该队被判技术犯规。
- 一次跳球情况。
- 一次双方犯规。
- 双方球队的相等罚则抵消。

每当先前控球队， 由于下列之原因： 球球如果出了界。 一名同队队员伤。 该队被判技术犯。 一次跳球情况现。	一次双方之犯规。 相等罚则抵消后。 被判后场掷入界， 8秒应从剩余处， 连续不停地计算。

第 29 条　进攻计时钟

29.1　规定

29.1.1　每当：
- 一名队员在场上获得控制活球时。
- 在掷球入界中，球接触场上的任何队员或被场上的任何队员合法接触，并且掷球入界队员的球队仍然控制球时。

该队必须在 24 秒内尝试投篮。

一次 24 秒内投篮的构成：
- 在进攻计时钟的信号发出前，球必须离开队员的手，而且
- 球离开了队员的手后，必须触及篮圈或进入球篮。

每当队员在场上， 获得控制活球时。 或在掷球入界中， 球触场上一队员， 或被队员合法触， 并且掷球入界队，	仍然控制着球时。 该队 24 秒内， 必须尝试一次投。 进攻计时钟响前， 球球必须离开手， 且必触圈或进篮。

29.1.2　在临近 24 秒结束时尝试了一次投篮，并且球在空中时进攻计时钟信号响：
- 如果球进入球篮，没有违例发生，信号应被忽略并且计中篮得分。
- 如果球接触篮圈但未进入球篮，没有违例发生，信号应被忽略并且比赛应

继续。
- 如果球未碰篮圈，一次违例发生。然而，如果对方队员立即和清晰地获得了控制球，信号应被忽略并且比赛应继续。

当篮板上沿装有黄色光带时，光带信号亮先于进攻计时钟信号响。
关系到干涉得分和干扰得分的所有限制应适用。

| 临近 24 秒完，尝试投篮球飞翔，并且进攻计时响：如果球球进球篮，应把信号忽略掉，没有违例续比赛，得分还要算有效。如果球球触篮圈，但是没有进球篮，也把信号忽略掉， | 没有违例续比赛。如果球未碰篮圈，24 秒违例了；然而如果对方人，立即清晰获控球，信号忽略续比赛。当板上沿有黄光，光带先于声信号。关系干涉与干扰，所有限制应适用。 |

29.2 程序

29.2.1 在跳球后，或从中线以掷球入界开始除第一节外的其他节或决胜期后，如果一名队员控制了场上活球，无论该队员在前场还是后场，进攻计时钟都应从 24 秒开始。

| 场上产生跳球后，又或除开第一节，其余各节或决胜，中线掷入开赛后， | 如一队员控活球，无论前场或后场，进攻计时要注意，从 24 秒开始数。 |

29.2.2 每当裁判员停止了比赛，进攻计时钟应复位：
- 因为不控制球的球队犯规或者违例（不是因为球出界）。
- 因为任何不控制球的球队有关的正当原因。
- 因为任何与双方球队都无关的正当原因。

在这些情况中，球权应判给先前控制球的球队。如果掷球入界在其：
- 后场执行，进攻计时钟应复位到 24 秒。
- 前场执行，进攻计时钟应按照下述原则复位：
——当比赛停止时，如果进攻计时钟显示为 14 秒或者多于 14 秒，进攻计时钟不复位，从被停止的时间处连续计算。
——当比赛停止时，如果进攻计时钟显示为 13 秒或者少于 13 秒，进攻计时钟应复位到 14 秒。

然而，如果比赛因为与双方球队都无关的正当原因而被裁判员停止，根据裁判员的判断，进攻计时钟复位将置对方于不利，进攻计时钟应从停止的时间连续计算。

每当裁判停比赛， 进攻计时应复位： 因为不控球的队， 犯规或者有违例， （不是因为球出界） 或因不控球的队， 任何有关正当因， 或与双方都无关， 任何正当的原因。 这些情况球权给： 先前控制球的队。 如果后场掷入界， 复位应该到 24。 如果前场掷入界， 按照下述来复位：	每当比赛停止时， 进攻计时显 14， 或者显示更多时， 此时应当不复位， 从被停处连续计。 如果显示 13 秒， 或者显示更少时， 应当复位到 14。 然而比赛被停止， 因与双方之球队， 都无关的正当因， 根据裁判之判断， 进攻计时如复位， 将置对方于不利， 此时时间要连计。

29.2.3　每当在裁判员因为控制球队的犯规或者违例（包括球出界）停止比赛后，判给对方队一次掷球入界时，进攻计时钟应复位。
如果根据交替拥有程序新的进攻方拥有掷球入界权，进攻计时钟也应复位。
如果掷球入界在该队的：
- 后场，进攻计时钟应复位新的 24 秒。
- 前场，进攻计时钟应复位 14 秒。

因为控制球的队， 犯规或者有违例， 这里包括球出界， 判给对方掷入时， 进攻时钟应复位。	如果根据交替有， 产生新的进攻方， 进攻时钟也复位， 后场掷入回 24， 前场掷入为 14。

29.2.4　无论何时，比赛因裁判员判罚控制球队技术犯规被停止，应在最靠近比赛停止时的地点掷球入界重新开始。进攻计时钟不复位并从被停止的时间处连续计算。

无论何时因宣判， 控制球队技术犯， 最靠比赛停止点，	掷球入界续比赛， 进攻计时不复位， 从被停处连续计。

29.2.5　当第 4 节或决胜期比赛计时钟显示 2：00 分钟或更少时，随后在后场拥有球权的队申请了一次暂停，该队主教练有权决定在记录台对侧的前场掷球入界线处或后场距离比赛停止最近的地点掷球入界重新开始比赛。

暂停结束后，应按如下原则执行掷球入界：

- 如果作为球出界的结果并且在该队的：

——后场，进攻计时钟应从时间被停止时连续计算。

——前场：如果进攻计时钟显示 13 秒或更少，应从时间被停止处连续计算。如果进攻计时钟显示 14 秒或更多，则应复位进攻计时钟为 14 秒。

- 如果作为一次犯规或违例的结果（非球出界）并且在该队的：

——后场，应复位进攻计时钟为 24 秒。

——前场，应复位进攻计时钟为 14 秒。

- 如果新的控制球队请求了暂停，并且在该队的：

后场，应复位进攻计时钟为 24 秒。

——前场，应复位进攻计时钟为 14 秒。

第 4 节或决胜期，时钟显示 2 分钟，或者显示更少时，后场拥有球权队，申请一次暂停后，该队主教有权定，前场掷球入界处，或者后场最靠近，比赛已被停止处，掷球入界上赛路。暂停结束掷入界，应按下述原则行：如果因为球出界，该队后场掷入界，计时不停连续计。该队前场掷入界，进攻显示 13 秒，	或者显示更少时，应从停处连续计。进攻显示 14 秒，或者显示更多时，则应复位到 14。如因犯规或违例，不是因为球出界，该队后场掷入时，应该复位到 24。该队前场掷入时，应当复位到 14。新控球队请暂停，该队后场掷入时，应该复位到 24。该队前场掷入时，应该复位到 14。

29.2.6　当判罚了违反体育运动精神或取消比赛资格的犯规，作为罚则的一部分，在球队前场的掷球入界线处进行掷球入界时，进攻计时钟应复位 14 秒。

每当判罚了违体，或消资格之犯规，作为罚则一部分，	前场掷球入界处，进行掷球入界时，时钟复位到 14。

29.2.7 在球已经触及对方球篮篮圈之后，进攻计时钟应复位到：
- 24秒，如果对方获得控制球。
- 14秒，如果球触及篮圈前的同一控制球队再次获得控制球。

球触对方篮圈后， 如果对方获控球， 应当复位到24。	如果本方再控球， 应当复位到14。

29.2.8 如果某队已控制球或双方队都未控制球时，进攻计时钟错误地发出信号，此信号应被忽略并且比赛应继续。
然而，如果根据裁判员的判断，控制球队已被置于不利，应停止比赛，进攻计时钟应被纠正，并且把球权判给该队。

如果某队已控球， 或者双方都未控， 时钟错误发信号， 忽略信号比赛续。 然而根据裁判员，	已置控球队不利， 此时应当停比赛， 纠正进攻计时钟， 并把球权判该队。

第30条 球回后场

30.1 定义

30.1.1 某队在他的前场控制活球，当：
- 一名双脚触及前场的该队队员正持球、接住球或在他的前场运球，或
- 球在位于前场的该队队员之间传递。

某队任意一队员， 双脚接触其前场， 持球或者接住球， 或在前场正运球，	或在前场队友间， 相互之间传递球， 该队前场控制球。

30.1.2 在他的前场控制活球的球队使球非法地回到他的后场，如果该队一名队员在他的前场最后接触球，并且随后球被该队一名队员首先接触：
- 该队员有部分身体接触后场，或
- 在球已接触该队后场之后。

这个限制适用于在某队前场的所有情况，包括掷球入界。然而，它不适用于队员从他的前场跳起，仍在空中时建立新的球队控制球，然后持球落在该队的后场。

前场控制活球队，如果该队一队员，前场最后接触球，并且该队一队员，部分身体触后场，或球接触后场后，随后首先接触球，球球非法回后场。	这个限制适用于，前场所有之情形，包括掷球入界时。然而它不适用于：队员前场跳起来，空中建立新控制，持球落于其后场。

30.2 规定

在前场控制活球的球队不得使球非法地回到他的后场。

前场控制活球队，	不能使球非法回。

30.3 罚则

球应判给对方球队在他的前场最靠近违犯的地点掷球入界，直接位于篮板后面的地点除外。

如果回场丢球权，距离最靠违犯点，	对方掷入续比赛，篮板后面要除外。

第 31 条　干涉得分和干扰得分

31.1 定义

31.1.1 投篮或罚球，
- 开始于：球离开正在做投篮动作的队员的手时。
- 结束于：
——球从上方直接进入球篮并且停留在球篮中或完全地穿过球篮时。
——球不再有进入球篮的可能性时。
——球接触篮圈时。
——球接触地面时。
——球成为死球时。

投篮罚球开始于： 队员正做投篮动， 球球离开他的手， 投篮罚球结束于： 球从上方直进篮，	并且停留或穿过。 或者不可能再进。 或者接触篮圈时。 或者接触地面时。 或者球成死球时。

31.2 规定

31.2.1 在一次投篮中，当一名队员接触完全在篮圈水平面之上的球时，并且：
- 球是下落飞向球篮中，或
- 在球已碰击篮板后。

干涉得分发生。

一次投篮过程中， 一名队员触球时， 球球完全已处于， 篮圈水平面之上，	并且正在向下落。 轨迹飞向球篮中， 或球碰板后触球， 干涉得分已经有。

31.2.2 在一次罚球中，当一名队员触及飞向球篮的、接触篮圈前的球时，干涉得分发生。

一次罚球球离手， 球球飞向球篮中，	球触圈前接触球， 干涉得分已经有。

31.2.3 干涉得分限制适用于：
- 球不再有进入球篮的可能性前。
- 球触篮圈前。

干涉限制适用于， 不再可能进球前，	或者球触篮圈前。

31.2.4 当：
- 在一次投篮、最后一次罚球中，当球与篮圈接触时，队员接触球篮或篮板。
- 在一次罚球（随后还有进一步的罚球）后，球有进入球篮的可能性时，一名队员接触球、球篮或篮板时。
- 队员从下方伸手穿过球篮并接触球时。
- 当球在球篮中，防守队员接触球或球篮，从而阻止球穿过球篮时。
- 队员使篮板颤动或者抓球篮，根据裁判员的判定，这种手段已妨碍球进入球篮或者使球进入球篮时。
- 队员抓球篮打球时。

干扰得分发生。

一次投篮过程中，	穿过球篮并触球。
或者最后一罚中，	当球还在球篮中，
球与篮圈接触时，	防守接触球或篮，
队员接触篮或板。	阻止球球穿过时。
一罚之后有续罚，	使篮颤动或抓篮，
执行一次罚球后，	根据裁判之判定，
球有进篮可能性，	妨碍或使球进篮。
队员接触球板篮。	队员抓篮打球时，
还有下方乱伸手，	干扰得分已发生。

31.2.5 当：
- 一名裁判员鸣哨，此时：
——球在一名正在做投篮动作的队员的手中，或
——球正在一次投篮或最后一次的罚球飞行中，
- 结束一节或决胜期的比赛计时钟的信号响，在球已接触篮圈之后仍有进入球篮的可能性时，任何队员不得接触球。

涉及干涉得分和干扰得分的所有限制应适用。

一名裁判鸣哨时：	比赛时钟信号响。
球在投篮队员手；	球球接触篮圈后，
或在一次投篮后，	仍有进篮可能时，
又或最后一罚后，	队员不得接触球，
球正处于飞行中；	干涉干扰皆适用。
结束一节或决胜，	

31.3 罚则

一名进攻有违例，	罚延线上掷入界，
不能判给其得分。	除非规则另规定。
将球判给对方队，	

31.3.1 如果一名进攻队员发生违例，不判给得分。将球判给对方队员从罚球线延长线掷球入界，除非本规则另有规定。

31.3.2 如果一名防守队员发生违例，应判给进攻的队：
- 当球在罚球中出手时，得1分。
- 当球在2分中篮区域出手时，得2分。
- 当球在3分中篮区域出手时，得3分。

判给的得分就如同球进入球篮一样。

一名防守有违例，	2分区域得2分，
应判进攻队得分，	3分区域得3分，
罚球出手得1分，	如同正常球进篮。

31.3.3　如果防守队员在最后一次罚球中发生干涉得分违例，应判给进攻队得1分，随后执行防守队员技术犯规的罚则。

最后一次罚球中，	随后执行防守人，
防守队员有干涉，	技术犯规的罚则。
应判进攻得1分，	

第六章 犯 规

第 32 条 犯 规

32.1 定义

32.1.1 犯规是对规则的违犯，含有与对方队员的非法身体接触和/或违反体育运动精神的举止。

| 犯规是指其举止，含有非法身体触， | 和/或违体之精神。 |

32.1.2 可宣判一个队任何数量的犯规，不管罚则是什么，都要登记犯规者的每一次犯规，记入记录表并且根据这些规则进行处罚。

| 可以宣判一个队，任何数量之犯规，不管罚则是什么， | 每次犯规要登记，并据规则来处置。 |

32.1.3 如果一起犯规发生在球成死球之后，并且：
- 结束该节或决胜期的比赛计时钟响起，
- 发生了一起违犯，

该犯规应该被忽略，除非是一起技术犯规、违反体育运动精神犯规或者取消比赛资格的犯规。

| 一起犯规发生在，球球成为死球后，并且比赛计时钟：发出一节或决胜，结束比赛之信号， | 或者发生一违犯，这些犯规应忽略，除非其是技术犯，或是违体或消格。 |

第 33 条　接触：一般原则

图 6　圆柱体原则

33.1　圆柱体原则

圆柱体原则定义为一名站在地面上的队员占据一个假想的圆柱体的空间。双脚之间的尺寸与距离应根据他的身高和体型有所不同。它包括该队员上面的空间，防守队员或无球进攻队员的圆柱体边界限定如下：

- 前至他的手掌，
- 后至臀部，及
- 两侧至双臂和双腿的外侧。（图5）

双手和双臂可以在躯干前面伸展，但不超过双脚和双膝的位置，因此两前臂和双手在合法的防守位置中是举起的。

防守队员不可以进入一名持球进攻队员的圆柱体并在进攻队员在他的圆柱体内试图做一个正常的篮球动作时造成非法身体接触。持球进攻队员的圆柱体边界限制如下：

- 前至双脚、弯曲的膝盖和手臂，持球在臀部以上。
- 后至臀部，及
- 两侧至双肘和双腿的外侧。

持球进攻队员应被允许在其圆柱体内有足够的空间完成正常的篮球动作。正常的篮球动作包括运球、旋转、投篮或传球。

进攻队员不能伸展他的腿或者手臂超出圆柱体并造成与防守队员的一起非法身体接触以获得额外的空间。

圆柱原则定义为：
一名队员立于地，
占一假想圆柱体。
双脚之间的尺距，
根据身高与体型。
包括其上的空间。
防守或者无球攻，
柱体边界如下定：
前至其手之双掌，
后至臀部的位置，
两侧臂腿的外侧。
双手双臂皆可以，
躯干前面有伸展，
但不超过其双脚，
也不超过其双膝，
两支前臂与双手，
如处合法防守位，
姿态应该为举起。
持球队员柱体内，
试图正常动作时，
防守队员不进体，
造成非法的接触。
持球进攻圆柱体，
柱体边界如下定：
前至双脚与双臂，
还有弯曲的膝盖，
持球位于臀以上。
后至臀部的位置，
两侧肘腿的外侧。
持球进攻被允许，
柱内足够的空间，
完成正常的动作。
正常动作包括有：
开始运球与旋转，
还有两个是传投。
进攻队员不能展，
其腿或者其手臂，
超出自己圆柱体，
并且造成与防守，
一起非法身体触，
以获额外的空间。

33.2 垂直原则

在比赛中，每一队员都有权占据未被对方队员已经占据的任何场上位置（圆柱体）。

这个原则保护队员所占据的地面空间和当他在此空间内垂直跳起时的上方空间。

队员一旦离开他的垂直位置（圆柱体），并与已经建立了自己的垂直位置（圆柱体）的对方队员发生身体接触，则离开他的垂直位置（圆柱体）的队员须对此接触负责。

防守队员垂直地离开地面（在他的圆柱体内）或在他自己的圆柱体内把双手和双臂伸展在他的上方，则不必宣判。

无论是在地面上或在空中的进攻队员，不应用下列方式与处于合法防守位置的防守队员发生接触。

- 用他的手臂为自己创造额外的空间（推开障碍）。
- 在投篮中或紧接投篮后伸展他的双腿或双臂去造成接触。

每一队员有权占， 场上任何之位置， 只要未被对方占， 这个原则护队员， 所占地面与上面， 离开自己园柱体， 并与他人身体触， 自己要把责任负。 队员垂直离地面， 或在他的柱体内，	双手双臂上方展， 没有必要来罚判。 进攻队员要注意， 空中或者地面上， 下列事情不能干： 利用手臂创空间， 或者投篮过程中， 又或紧接投篮后， 伸展双臂与双腿， 接触合法之防守。

33.3 合法的防守位置

当一名防守队员：
- 面对对手，并且
- 双脚着地时。

他就建立了最初的合法防守位置。

合法的防守位置从地面到天花板，垂直地伸展到他（圆柱体）的上方。他可将他的双臂和双手举过头或垂直跳起，但是他必须在假想的圆柱体内使手和臂保持垂直的姿势。

防守面对着对手， 并且双脚着地时。 他就已经建立起， 最初合法防守位。 防守位置向上延， 一直延到天花板。	他可双臂与双手， 圆柱体内举过头， 也可垂直跳起来， 手和臂为垂直态， 并在假想柱体内。

33.4 防守控制球的队员

当防守控制（正持着或运着）球的队员时，时间和距离的因素不适用。
每当对方队员在持球队员前面获得了一个最初的合法防守位置（甚至是一瞬间完成的），持球队员必须料到被防守并必须准备停步或改变他的方向。
防守队员建立一个最初的合法防守位置，必须在占据位置前没有造成接触。
一旦防守队员已建立了一个最初的合法防守位置，他可移动去防守其对手，但他不得伸展双臂、双肩、双髋或双腿，并通过这样做来造成接触以阻止从他身边通过的运球队员。
判断一起涉及持球队员撞人/阻挡情况时，裁判员应运用下列原则：
- 防守队员必须面对持球队员并双脚着地来建立一个最初的合法防守位置。

- 防守队员为保持最初的合法防守位置，可保持静立、垂直跳起、侧移或后移。
- 在保持最初的合法防守位置的移动中，一脚或双脚可以瞬间离地，只要该移动是侧向或向后的，而不是朝向持球队员前移的。
- 接触必须发生在躯干上，在这样的情况下，防守队员将被认为是已经先占据了接触地点。
- 已建立了合法防守位置的防守队员可以在其圆柱体之内转身，以避免受伤。

在上述任何情况中，应认为该接触是由持球队员造成的。

防守一名控球人，	并且双脚皆着地，
无论持球或运球，	建立最初防守位。
时间距离不适用。	防守队员为保持，
防守正对持球人，	最初合法防守位，
建立最初合法位，	可以静立或垂跳，
甚至瞬间来完成，	也可侧移与后移。
持球队员必预判，	保持最初防守位。
准备停步或变向。	防守在其移动中，
建立最初合法守，	无论一脚或双脚，
占据之前没造触。	可以瞬间离开地，
一但队员已建立，	向后或者向侧移，
最初合法防守位，	不朝持球向前移。
他可移动防对手，	接触必须在躯干，
但不伸展臂与肩，	此种情况应视为：
也不伸展髋与腿，	防守已经先占地。
造成接触阻运球。	建立起了合法位，
判断涉及持球人，	其可柱体内转身，
撞人/阻挡情况时，	以此来避免受伤。
以下原则记心中：	上述任何情况中，
防守必须面对人，	接触是因持球人。

33.5 防守不控制球的队员

不控制球的队员有权在球场上自由地移动，并占据任何未被另一队员已经占据的位置。

当防守不控制球的队员时，时间和距离的因素应适用。防守队员不能太靠近和/或太快地在移动的对方队员的路径中占据一个位置，以至于后者没有足够的时间或距离去停步或改变其方向。

此距离与对方队员的速度成正比，但绝不要少于正常的一步。

如果一名防守队员在获得最初的合法防守位置中不顾及时间和距离的因素，并与对方队员发生接触，则他对该接触负责。

一旦一名防守队员已经建立了一个最初的合法防守位置，他可移动去防守他的对手。他不得在对方队员的路径中伸展臂、肩、臀或腿去阻止该队员从他身边通过。他可以在他的圆柱体内转身来避免受伤。

不控球人有自由， 占据任何未被占。 防守不控球的人， 时间距离应适用。 不能太近或太快， 对手移动路径中， 占据一个防守位， 以致时距皆不够， 用于停步与变向。 距离速度成正比， 不少正常的一步。 建立最初防守位，	不顾时间与距离， 并与对方有接触， 防守要把责任负。 一旦防守已建立， 最初合法防守位， 他可移动防对手， 但在对手路径中， 不得伸展臂与肩， 也不伸展臂与腿， 阻止对手身边行。 但在他的柱体内， 可以转身避受伤。

33.6　腾空的队员

从球场某地点跳起在空中的队员有权再落回同一地点。

他有权落在场上的另一地点，只要在起跳时，该落地点上，以及起跳点和落地点之间的直接路径上，尚未被对方队员占据。

如果一名队员已跳起并落地，可是他的冲力使其接触了在落地地点之外已获得了一个合法防守位置的对方队员，则该跳起队员对此接触负责。

在队员已跳起在空中后，对方队员不得移动到他的下落路径上。

移动到腾空队员的身下并造成接触，通常是违反体育运动精神的犯规，某些情况下可能是取消比赛资格的犯规。

队员跳起到空中， 有权落回同一点。 也可落于一新点， 只要起跳一瞬间， 新的落点未被占， 以及起落两点间， 直接相连路径上， 未被对方队员占。 一名队员跳并落， 落点之外造接触，	对方防守已合法， 跳起队员负此责。 队员跳起在空中， 对方队员不能到， 他的下落路径中。 移到腾空人身下， 并且造成了接触， 通常违体之精神， 有时可取消资格。

33.7 掩护：合法的和非法的

掩护是试图延误或阻止一名不持球的对方队员到达他希望到达的场上位置。
当正在掩护对手的队员：
- 发生接触时是静止的（在他的圆柱体内）。
- 发生接触时双脚着地。

是合法的掩护。
当正在掩护对手的队员：
- 发生接触时正在移动。
- 在静止对手的视野之外做掩护，发生接触时没有给出足够的距离。
- 发生接触时，对移动中的对手没有顾及时间和距离的因素。

是非法的掩护。
如果在静止对手的视野之内做掩护（前面的或侧面的），做掩护的队员可按自己的意愿靠近对手以建立掩护，只要没有接触。
如果在静止对手的视野之外做掩护，做掩护的队员必须允许对手向掩护迈出正常的 1 步而不发生接触。
如果对手在移动中，时间和距离的因素应适用。做掩护的队员必须留出足够的空间，以便被掩护的队员能通过停步或改变方向来避免掩护。
要求的距离是不得少于正常的 1 步，也不必多于正常的 2 步。
被合法掩护的队员与已经建立该掩护的队员的任何接触，由被合法掩护的队员负责。

试图阻止或延误， 不持球的对方人， 到达希望到达处， 这类行为是掩护。 正在掩护的队员， 发生接触时不动， 而且双脚皆着地， 就是合法的掩护。 正在掩护的队员， 发生接触时移动； 或对静止的对手， 视野之外做掩护， 没有给出足够距； 或对移动的对手， 没有顾及时与距， 就是非法的掩护。 如果掩护设置在， 静止对手视野内，	只要没造成接触， 可按意愿近对手。 如果掩护设置在， 静止对手视野外， 必许对手向掩护， 可迈正常的一步， 并且不发生接触。 如果对手移动中， 时间距离皆适用， 空间必须要留够， 以使被掩护队员， 停或变向避掩护。 要求距离不少于， 正常步伐的 1 步， 也不必要超 2 步。 如果被合法掩护， 与掩护者有接触， 被掩护者把责负。

33.8 撞人

撞人是持球或不持球队员推开或顶动对方队员，在对方队员的躯干处发生的非法身体接触。

无论持球不持球， 推开顶动对方人，	非法接触躯干处， 就是撞人的依据。

33.9 阻挡

阻挡是阻碍持球或不持球对方队员行进的非法身体接触。

如果试图做掩护的队员在移动中与静止或后退的对方队员发生接触，则判罚掩护队员发生了一起阻挡犯规。

如果队员不顾球，面对着对方队员并随着对方队员的移动而移动他的位置，除非包含其他因素，该队员对所发生的任何接触负主要责任。

所谓"除非包含其他因素"，是指被掩护的队员故意推人、撞人或拉人。

队员在场上占据位置时，把手臂或肘伸在其圆柱体之外是合法的，但当对方队员试图通过时，手臂或肘必须被移到其圆柱体之内。如果手臂或肘是在他的圆柱体之外并发生接触，这是阻挡或拉人。

对方持球不持球， 阻碍其行非法触， 就是阻挡的依据。 如果掩护时移动， 对方静止或后退， 此时发生了接触， 阻挡犯规来判处。 如果队员不顾球， 面对对手随移动， 除非包含其它因，	任何接触他的故。 所谓包含其它因： 被掩护者推撞拉。 场上占据位置时， 臂肘可伸圆柱外， 但当对手试通过， 必须移到圆柱内。 圆柱体外有接触， 阻挡/拉人来判处。

33.10 无撞人半圆区

球场上画出无撞人半圆区的目的是，指定一个特定的区域用于解释篮下的撞人/阻挡情况。

向无撞人半圆区的任何突破情况中，一名腾空的进攻队员造成的与防守队员在无撞人半圆区内的任何身体接触不应被宣判为进攻犯规，除非进攻队员非法地使用他的手、手臂或者身体。

这一规则适用于：

- 进攻队员腾空并控制着球,并且
- 他试图投篮或者传球,并且
- 防守队员的一脚或双脚接触无撞人半圆区。

场上无撞人半圆,	还有手臂或身体。
意指一个特定区,	这一规则适用于:
解释篮下撞或阻。	进攻队员已腾空,
任何此地冲突中,	空中控制着球球,
一名腾空进攻人,	并且试图传或投,
半圆区内造接触,	同时防守之一脚,
不应被判为犯规,	或者双脚触半圆。
除非非法使用手,	

33.11 用手和/或手臂接触对方队员

用手触及对方队员,本身未必是犯规。

裁判员应判定引起接触的队员是否已经获得了不公正的利益。

如果队员引起的接触在任何方面限制对方队员的移动自由,这样的接触是犯规。

当防守队员处于防守位置,并且其手或手臂放置在持球或不持球的对方队员身上并保持接触以阻碍其行进,就发生了非法用手或非法伸展手臂。

反复地触及或"戳刺"持球或不持球的对方队员是犯规,因为这可能会导致粗暴的比赛。

当持球进攻队员:

- 为了获得不公正的利益,用手臂或肘"勾住"或缠绕防守队员。
- 为了阻止防守队员的防守或试图抢球,或为了在他与防守队员之间创造更大的空间而"推开"防守队员。
- 运球时,用伸展的前臂或手去阻止对方队员获得控制球。

这是持球进攻队员的犯规。

当不持球的进攻队员为了:

- 摆脱去接球。
- 阻止防守队员的防守或试图抢球。
- 为他创造更大的空间。

而"推开"防守队员,这是不持球进攻队员的犯规。

用手触及对方人， 本身未必是犯规。 临场裁判要判定， 引起接触的队员， 是否已获不当利。 如果接触限自由， 这种接触是犯规。 对方持球或不持， 防守处于防守位， 并将其手或其臂， 置于对方之身上， 保持接触碍其行， 这是非法使用手， 或者非法展手臂。 反复触及或戳刺， 持球队员或不持， 这类行为是犯规，	因其可能致粗野。 每当持球进攻人， 为了获取不当利， 肘臂勾缠防守人。 为阻防守人防守； 或者阻其去抢球； 或为创造大空间； 因此推开防守人， 这是持球人犯规。 不持球的进攻人， 为了摆脱去接球， 或阻对方之防守， 或阻对方去抢球。 或为创造大空间， 因此推开防守人， 这是不持球进攻， 非法制造的犯规。

33.12 中锋位置的攻防

垂直原则（圆柱体原则）适用于中锋位置的攻防。
位于中锋位置的进攻队员和防守队员必须尊重彼此的垂直位置（圆柱体）的权利。
位于中锋位置的进攻队员或防守队员用肩或髋将对方队员挤出位置，或用伸展的肘、臂、膝或身体的其他部位去干扰对方队员的活动自由，是犯规。

中锋位置之功防， 垂直原则也适用， 彼此尊重圆柱体， 用肩或髋挤对方，	或者伸展肘臂膝， 以及身体其它处， 干扰对方自由行， 这类行为是犯规。

33.13 背后非法防守

背后非法防守是防守队员从对方队员的背后与其发生的身体接触。防守队员正试图去抢球的事实，不证明从背
后与对方队员发生接触是正当的。

进攻背后之防守， 如与进攻生接触，	即使试图去抢球， 不能证明其正当。

33.14 拉人

拉人是干扰对方队员移动自由的非法身体接触。这种接触（拉人）可能发生在身体的任何部位。

| 拉人是扰对方人，
移动自由的接触， | 可在身体任何处。 |

33.15 推人

推人是队员用身体的任何部位强行移动或试图移动控制或未控制球的对方队员时发生的非法身体接触。

| 用身体的任何处，
强行或者试移动，
已控球的对方人， | 或者对方没控球，
这是推人非法触。 |

33.16 骗取犯规

一名队员采用任何手段假装被侵犯，或采取戏剧性的夸张动作来制造"被侵犯了"的假象并从中获利，是骗取犯规。

| 采用任何之手段，
假装自己被侵犯，
或用夸张性动作， | 制造被侵之假象，
从中获利是骗取。 |

第 34 条　侵人犯规

34.1 定义

34.1.1 侵人犯规是：无论在活球或死球的情况下，攻守双方队员发生的非法身体接触的犯规。

队员不应通过伸展手、臂、肘、肩、髋、腿、膝、脚或将身体弯曲成"不正常的姿势"（超出他的圆柱体）去拉、阻挡、推、撞、绊对方队员，或阻止对方队员行进；也不得放纵任何粗野或猛烈的动作出现。

侵人犯规定义是：	或曲异常之身姿，
无论死球或活球，	超过自身圆柱体，
攻守双方的队员，	拉阻推撞绊别人，
发生非法身体触。	或阻对方之行进：
队员不靠伸展手，	动作应当有分寸，
或者臂肘肩髋腿，	不纵粗野与猛烈。
还有膝脚这两处，	

34.1.2 掷球入界时的犯规是：在第4节和每一决胜期比赛计时钟显示2：00分钟或者更少时，当掷球入界的球在界外并且球仍在裁判员手中或被掷球入界队员可处理时，一名防守队员在场上对一名进攻队员发生了侵人犯规。

掷球入界时犯规：	仍在裁判员之手，
是指比赛第四节，	或被掷入可处时，
或者每个决胜期，	一名防守在场上，
时钟显示2分钟，	对一进攻有犯规，
或者显示更少时，	而且性质是侵人。
掷球入界的球球，	

34.2 罚则

应登记犯规队员一次侵人犯规。

应当登记犯规人，	一次侵人之犯规。

34.2.1 如果对没有做投篮动作的队员发生犯规：
- 由非犯规的队在最靠近违犯的地点掷球入界重新开始比赛。
- 如果犯规的队处于全队犯规处罚状态，则应运用第41条（全队犯规：处罚）的规定。

对方没做投篮动，	如果犯规之球队，
最靠犯规发生处，	全队犯规处罚态，
非犯规队掷入界。	运用41条规。

34.2.2 如果对投篮队员发生犯规，应按下列所述判给投篮队员若干罚球：
- 如果从中篮区域的出手投篮成功，应计得分并追加一次罚球。
- 如果从2分中篮区域的出手投篮不成功：2次罚球。

犯规对象正投篮，	应计得分加1罚。
罚球按照下述判：	2分不中罚2次。
如果出手且投中，	3分不中罚3次。

- 如果从 3 分中篮区域的出手投篮不成功：3 次罚球。

34.2.3 如果发生了一起掷球入界时的犯规：

- 无论违犯队是否处于全队犯规处罚状态，应判给被犯规的队员一次罚球，比赛由非违犯队从最靠近违犯的地点掷球入界重新开始。

如果发生了一起, 掷球入界时犯规, 无论犯规实施队, 是否全队处罚态，	判予被犯之队员, 一次罚球来了断, 然后最靠违犯点 非违犯队掷入界。

第 35 条　双方犯规

35.1　定义

35.1.1　双方犯规是两名互为对方的队员大约同时相互发生侵人犯规或违犯体育运动精神的犯规/取消比赛资格犯规的情况。

双方犯规定义是： 两名对方之队员， 大约同时相互间，	发生侵人性犯规， 或者违体之犯规， 又或取消资格犯。

35.1.2　如果将两个犯规视为一起双方犯规，下列条件是必须的：
- 两个犯规都是队员犯规。
- 两个犯规都包含身体接触。
- 两个犯规是比赛双方两个队员之间的互相犯规。
- 两个犯规是两个侵人犯规或任何违反体育运动精神的犯规和取消比赛资格犯规的组合。

一起双方之犯规， 下列条件为必须： 两犯皆为队员犯； 都含身体之接触； 且为比赛之双方；	两队员间互相犯， 两犯都是侵人犯， 或是任何违体犯， 和消资格之组合。

35.2　罚则

应给每一犯规队员登记一次侵人犯规或违犯体育运动精神犯规/取消比赛资格犯规。不判给罚球，比赛应按下列所述重新开始：

在发生双方犯规的大约同一时间，如果：
- 中篮得分，或最后一次的罚球得分，应将球判给非得分队从该队端线后的任何地点掷球入界。
- 某队已控制球或拥有球权，应将球判给该队从最靠近违犯的地点掷球入界。
- 任一队都没有控制球也没有球权，一次跳球情况发生。

每一犯规之队员， 登记一次侵人犯， 或记一次违体犯， 又或登记消资犯。 如不罚球继续赛， 开始要求按下面： 大约犯规同一时， 如果中篮得了分， 非得分队端线后，	任何地点掷入界。 如果某队已控球， 或者拥有了球权， 最靠犯规之地点， 该队掷入续比赛。 如果没有队控球， 也没有队有球权， 一次跳球来宣判。

第 36 条　技术犯规

36.1　行为规定

36.1.1　比赛的正当行为要求，双方球队的队员、主教练、助理教练、替补队员、出局的队员和随队人员，与裁判员、记录台人员、到场的技术代表有完美和真诚的合作。

双方球队的队员， 主教以及其助教， 替补出局随队人， 要与比赛裁判员，	以及记录台人员， 还有到场技术代， 完美真诚地合作， 这是比赛的要求。

36.1.2　每支球队应尽最大的努力去获取胜利，但胜利的取得必须符合体育运动精神和公正竞赛的要求。

最大努力去获胜， 获胜取得要符合，	运动精神与公正。

36.1.3　任何故意的或再三的不合作，或不遵守本规则的精神，应被认为是一次技术犯规。

任何故意或再三， 涉及到了不合作，	或违本规之精神， 就是一次技术犯。

36.1.4　裁判员可以通过警告或甚至宽容那些明是无意的并不直接影响比赛的、轻微的违纪来预防技术犯规的发生，除非在警告后又出现同样的违犯。

明显无意轻违纪， 并不直接扰比赛， 通过警告与宽容，	预防技术犯规现， 除非警告后再犯。

36.1.5　如果在球成活球后发生了一起技术违犯，比赛应停止并并登记一次技术犯规。应将技术犯规视同发生在在它被登记的时候一样来执行罚则。在违犯与比赛停止之间的间隔内无论发生了什么都应保持有效。

球成活球技术犯， 停止比赛记在案， 视同发生在此时，	并执罚球来了断， 违犯比赛停止间， 所有发生有效延。

36.2　定义

36.2.1　技术犯规是没有身体接触的犯规，行为种类包括但不限于：
- 无视裁判员的警告。
- 与裁判员、技术代表、记录台人员、对方队或允许坐在球队席的人员讨论和/或交流中没有礼貌。
- 使用很可能冒犯或煽动观众的粗话或手势。
- 戏弄或嘲讽对方队员。
- 在对方队员眼睛附近挥手或手保持不动妨碍其视觉。
- 过分挥肘。
- 在球穿过球篮之后故意地触及球，阻碍迅速地掷球入界或罚球或在比赛开始或下半时开始时迟到进入比赛场地以延误比赛。
- 伪造被犯规。
- 悬吊在篮圈上，致使队员的重量由篮圈支撑，除非扣篮后，队员瞬间抓住篮圈，或者根据裁判员的判断，他正试图防止自己受伤或另一名队员受伤。
- 在最后一次的罚球中防守队员干涉得分，应判给进攻队得1分，随后执行登记在该防守队员名下的技术犯规罚则。

技术犯规无体触， 种类如下不限于： 无视裁判之警告。 讨论交流没礼貌。 对象涉及裁判员， 录台人员与代表， 还有对方的队员， 以及球席之人员。 使用粗活或手势， 冒犯或者煽观众。 戏讽对方之队员。 对方队员眼附近， 挥手或者停不动， 以此妨碍其视觉。 过分挥动其肘部。 球穿球篮故触球，	阻碍掷入或罚球， 或在比赛开始时， 或在下半时之始， 迟到场地延比赛。 伪造自己被犯规。 悬挂篮圈撑体重， 除非扣了篮以后， 瞬间抓住了篮圈， 或据裁判之判断， 他正试图防自己， 还有他人免受伤。 最后一次罚球中， 防守队员有干涉， 应判进攻得1分， 随后执行技犯罚。

36.2.2 球队席人员的技术犯规是与裁判员、到场的技术代表、记录台人员或对方队员交流中没有礼貌或无礼地触碰他们的犯规；或是一次程序上的或管理性质的违犯。

球席人员之技犯， 是因交流没礼貌， 或者无礼地碰触， 裁判或者技术代，	或者记录台人员， 或者对方之队员， 或是程序上违犯， 或是管理上违犯。

36.2.3 当登记了一名队员2次技术犯规或2次违反体育运动精神的犯规，或一次技术犯规和一次违反体育运动精神的犯规时，应该取消他本场剩余比赛的资格。

一名队员被登记， 技术犯规或违体，	总数达2资格消， 特指本场剩余赛。

36.2.4 当出现下述情况时，应取消主教练本场剩余比赛的资格：
- 由于自身违反体育运动精神行为的结果登记了2次技术犯规（"C"）时。
- 由于其他球队席人员的违反体育运动精神行为累积登记了3次技术犯规（3次全部登记为"B，或者其中一次是"C"）。

出现下述之情况： 本场比赛剩余赛， 主教资格被取消， 主教自身有违体，	被记2次技术犯， 或因球席之人员， 已被累积3技犯。

36.2.5 如果一名队员或主教练在 36.2.3 或 36.2.4. 的情况下被取消比赛资格，应只处罚技术犯规的罚则，不追加取消比赛资格的罚则。

| 前述两款消资格，只处技犯之罚则， | 取消资格无罚则。 |

36.3 罚则

36.3.1 如果：
- 判罚队员技术犯规，应作为队员的犯规登记在该队员名下，并计入全队犯规中。
- 判罚球队席人员，应登记在主教练名下，并不计入全队犯规次数中。

| 判罚队员技术犯，登记计入全队犯，球席人员之技犯， | 记在主教之名下，但不计入全队犯。 |

36.3.2 应判给对方队员 1 次罚球，比赛应按下述重新开始：
- 应立即执行罚球。罚球后，由宣判技术犯规时，控制球队或拥有球权队在比赛停止时距离球最近的地点执行掷球入界。
- 也应立即执行罚球，不管是否有其他犯规带来的罚则的先后顺序，也不管这些罚则是否已经开始执行。技术犯规的罚球后，由宣判技术犯规时，控制球队或拥有球权队在最靠近比赛被技术犯规的罚则中断时的最近地点重新开始比赛。
- 如果一次有效得分或最后一次罚球得分，应在端线后任意地掷球入界重新开始比赛。
- 如果既没有球队控制球，也没有球队拥有球权，这是一起跳球情况。
- 在中圈跳球开始第 1 节。

| 判给对方 1 罚球，并按下述重开赛：立即执行该罚球，罚球之后掷入界，掷入队为宣判时，正在控制球的队，或者拥有球权队，掷入点为停赛时，距离球的最近点。也应立即执罚球，不管此时是否有，其它犯规所带来，罚则先后之顺序，也不用管这些罚，是否开始执行中， | 技术犯规罚球后，就由宣判此犯时，已经控制球的队，或者拥有球权队，在被技犯之罚则，导致比赛中断处，重新开始再续赛。如果一次有效投，或者最后一罚中，端线后面任意点，掷球入界上赛路。如果无队控制球，也没有队有球权，一次跳球来决断。中圈跳球第 1 节。 |

第37条 违反体育运动精神的犯规

37.1 定义

37.1.1 违反体育运动精神的犯规是一起队员身体接触的犯规，并且根据裁判员判定，包含：

- 与对方发生身体接触且该接触不是在规则的精神和意图的范畴内致力于对球作的攻防尝试。
- 在尽力抢球或在与对方队员尽力争抢中，造成与对方队员过分的严重身体接触。
- 一起攻防转换中，防守队员为了中断进攻队的进攻，与进攻队员造成不必要的身体接触。该原则在进攻队员开始他的投篮动作之前均适用。
- 当一名队员正朝向对方球篮行进，且该行进队员与对方球篮之间没有对方队员，并且，

——该行进队员已经控制着球，或
——该行进队员正试图控制球，或

传向该行进队员的球已离手时，对方队员从其后面或侧面与该队员发生身体接触。

该原则在进攻队员开始他的投篮动作之前均适用。

违体犯规是队员，	此条原则均适用。
身体接触之犯规，	一名队员正朝向，
并据裁判之判定，	对方球篮行进时，
包含下面这些点：	其与对方球篮间，
已与对方生接触，	没有对方之队员，
并且不在本规则，	并且他已控制球，
精神意图范畴内，	或正试图控制球，
致力对球之攻防。	又或传给他的球，
尽力抢球或争球，	已离传球人的手，
造成严重过分触。	对方队员从后面，
一起攻防转换中，	或者侧面非法触，
防守为了断快攻，	进攻队员投篮前，
没必要的身体触，	此条原则皆适用。
进攻队员投篮前，	

37.1.2 在整场比赛中，裁判员对违反体育运动精神的犯规的解释必须一致，并

且只能根据其所作所为来判定。

整场连续比赛中，违体解释必一致，	并且只据其行动。

37.2 罚则

37.2.1 应给犯规队员登记一次违反体育运动精神的犯规。

犯规队员之名下，	登记一次违体犯。

37.2.2 应判给被犯规的队员执行罚球，以及随后：
- 在该队前场的掷球入界线处掷球入界。
- 在中圈跳球开始第1节。

应按下述原则判给若干罚球：
- 如果对没有做投篮动作的队员发生犯规：2次罚球。
- 如果对正在做投篮动作的队员发生犯规：如果中篮应计得分并追加一次罚球。
- 如果对正在做投篮动作的队员发生犯规，并且球未中篮：2次或3次罚球。

判给被犯执罚球，以及随后其前场：掷入线处掷入界，或者中圈来跳球，开始第1节运作，罚球次数按下判：	被犯未投2次罚。如果正投且中球。计分且追1罚球。如果正投球未中。追加2或3罚球。

37.2.3 当登记了一队员2次违反体育运动精神的犯规或2次技术犯规，或一次技术犯规和一次违反体育运动精神的犯规时，应该取消他本场剩余比赛的资格。

一名队员被登记，技术犯规或违体，	总数达2资格消，特指本场剩余赛。

37.2.4 如果队员在37.2.3情况下被取消比赛资格，应只处罚该违反体育运动精神的犯规的罚则，不追加取消比赛资格的罚则。

违犯上款资格消，只处违体之罚则，	取消资格无罚则。

第 38 条　取消比赛资格的犯规

38.1　定义

38.1.1　队员、替补队员、主教练、助理教练、出局的队员和随队人员的任何恶劣的违反体育运动精神的行为是取消比赛资格的犯规。

队员替补与出局，	恶劣违体之行为，
主教助教随队人，	就要被取消资格。

38.1.2　已被取消比赛资格的主教练应由登记在记录表上的第一助理教练接替。如果记录表上没有登记第一助理教练，应由队长（CAP）接替。

主教资格别取消，	一助表上没登记，
第一助教来接招，	就由队长来接替。

38.2　暴力行为

38.2.1　比赛中可能发生与体育运动精神和公正竞赛相违背的暴力行为。裁判员应立即制止，如有必要，通过负责维持公共秩序的保安人员来制止。

比赛之中可能生，	裁判应当立制止，
违背体育之精神，	如有必要寻支持，
也违公正的暴行，	通过保安来制止。

38.2.2　无论何时，队员在比赛场地上或其附近与球队席人员之间发生暴力行为，裁判员应采取必要的措施去制止他们。

无论比赛之何时，	场上或者场附近，
涉及队员之暴行，	裁判应当去制止。

38.2.3　任何上述的人员公然地挑衅对方队员或裁判员，应被取消比赛资格。主裁判员必须将此事件报告给竞赛的组织部门。

任何上述之人员，	应当被取消资格，
公然挑衅对方人，	主裁必须报此事，
或者同样对裁判，	报给组织之部门。

38.2.4　保安人员可以进入比赛场地，只要裁判员要求这样做。然而，如果带有明

显采用暴力行为意图的观众进入球场，保安人员必须立即干预以保护球队和裁判员。

保安人员可进场， 只要裁判要求使， 如果观众进场地，	带有明显暴力意， 保安必须立干预， 保护球队与裁判。

38.2.5 球场之外或附近的所有区域，包括入口、出口、过道、休息室等，由竞赛组织部门和负责维持公共秩序的保安人员管辖。

球场之外或附近， 包括入口与出口， 还有过道休息室，	组织部门与保安， 他们一起来管制。

38.2.6 裁判员绝不允许队员以及坐在球队席的任何人员出现可能导致比赛器材损坏的粗野行为出现。
当裁判员观察到这类行为时，应立即给违犯队的主教练一次警告。
如果重复该行为，应立即宣判有关的违犯者一次技术犯规甚至限消比赛资格的犯规。

不许队员球席人， 可能导致器材损， 如果发生此类行， 立给主教一警告，	继续重复该行为， 立即宣判违犯者， 一次技术之犯规， 甚至取消其资格。

38.3 罚则

38.3.1 应给犯规者登记一次取消比赛资格的犯规。

一次取消被登记，	登记找准当事人。

38.3.2 每当犯规者依据这些规则的各个条款被取消比赛资格。他应去该队的休息室，并在比赛期间留在那里，或者如果他愿意，也可以选择离开体育馆。

如果资格被取消， 应去其队休息室， 比赛期间留那里，	或者如果他愿意， 也可离开体育馆。

38.3 3 罚球应判给：

- 如果是一起非身体接触犯规：由对方主教练指定的任一本队队员。
- 如果是一起身体接触犯规：被犯规的队员。

以及随后：
- 在该队前场的掷球入界线处掷球入界。
- 第 1 节开始在中圈跳球。

罚球判给对方队，如果犯规无接触，该队主教定罚者。如果犯规有接触，	罚球判给被犯者。随后该队之前场，掷入线处掷界，或到中圈跳球始。

38.3.4　罚球的次数应按如下规定：
- 如果是一起没有身体接触的犯规：2 次罚球。
- 如果对没有做投篮动作的队员发生犯规：2 次罚球。
- 如果对正在做投篮动作的队员发生犯规：如果中篮应计得分，并追加一次罚球。
- 如果对正在做投篮动作的队员发生犯规，并且球未中篮：2 次或 3 次罚球。
- 如果是主教练的取消比赛资格的犯规：2 次罚球。
- 如果是第一助理教练、替补队员、出局的队员或随队人员的取消比赛资格的犯规，应登记主教练一次技术犯规：2 次罚球。

另外，如果在打架期间，第一助理教练、替补队员、出局的队员或随队人员因离开球队席区域参加打架而判取消比赛资格的犯规：

——第一助理教练、替补队员和出局的队员的每一个单一的取消比赛资格的犯规：2 次罚球。所有取消比赛资格的犯规都应登记在他们自己的名下。

——随队人员的每一个单一的取消比赛资格的犯规：2 次罚球。所有取消比赛资格的犯规都应登记在主教练身上。

应执行所有的罚球罚则，除非对方队有相同的罚则进行抵消。

罚球次数按下给：如果犯规没接触，2 次罚球是标配。如果被犯没投篮，同样 2 罚要判给。如果被犯投且中，计分且追 1 罚球。如果被犯投未中，追加 2 或 3 次罚。如果主教资格消，2 次罚球才能了。如果一助或替补，又或出局或随员，	他们资格被取消，应记主教 1 技犯，也判 2 罚才能了。另外如在打架期，一助替补或出局，每一单一资格消，2 次罚球判对方，且记犯规己名下。随队人员每取消，同样 2 罚判对方，所有犯规记主教。所有罚则应执行，除非相同罚则消。

第 39 条　打　架

39.1　定义

打架是 2 名或多名互为对方队的人（队员和替补队员、主教练、助理教练、出局的队员和随队人员）之间的肢体冲突。

本条款仅适用于在打架中或在可能导致打架的任何情况中离开球队席区域界限的替补队员、主教练、第一助理教练、出局的队员和随队人员。

打架定义如此述：	或可导致打架时，
两或多名对方人，	替补主教或一助，
肢体之间有冲突。	出局或者随队人，
本款仅适打架中，	离开球队席区域。

39.2　规定

39.2.1　在打架中或在可能导致打架的任何情况中，离开球队席区域的替补队员、出局的队员和随队人员，应被取消比赛资格。

在打架的情况中，	还是随队之人员，
或可导致打架中，	离开球队席区域，
无论替补出局人，	资格应当被取消。

39.2.2　在打架中或在可能导致打架的任何情况中，为了协助裁判员维持或恢复秩序，只允许主教练和/或第一助理教练离开球队席区域，协助裁判员维持或恢复秩序。在这种情况中，他们不应被取消比赛资格。

打架整个过程中，	主教和/或第一助，
或可导致打架中，	可以离开球队席，
为了协助裁判员，	此时不消其资格。
维持或恢复秩序，	

39.2.3　如果主教练和/或第一助理教练离开球队席区域，并不协助或试图协助裁判员维持或恢复秩序，他们应被取消比赛资格。

主教和/或第一助，	或不试图去协助，
离开球队席区域，	比赛资格应取消。
并不协助裁判员，	

39.3 罚则

39.3.1 不论由于离开球队席区域而被取消比赛资格的球队席人员的数量有多少，应登记主教练一次单一的技术犯规（"B"）。

由于离开球队席，	无论涉及多少人，
比赛资格被取消，	登记主教一次 B。

39.3.2 如果双方球队的球队席成员在本条规定下被取消比赛资格并且没有留下其他要执行的犯规罚则，比赛应按下面所述重新开始：
由于打架而停止比赛，大约在同一时间，如果：

- 中得分或者最后一次的罚球得分，应将球判给非得分队从该队端线后的任何地点掷球入界。
- 某队已控制球或拥有球权，应将球判给该队从该队前场掷球入界线处掷球入界。
- 任一队都没有控制球也没有球权，一次跳球情况发生。

球席人员因本条，	任何地点掷入界。
资格已经被取消，	某队已经控制球，
且没留下其它罚，	或者拥有了球权，
重新开赛按下方：	判给该队其前场，
由于打架而停赛，	掷入线处掷入界。
大约就在同一时，	没有球队控制球，
如果投篮且得分，	也没有队有球权，
或者最后一罚成，	一次跳球已发生。
非得分队端线外，	

39.3.3 所有的取消比赛资格的犯规，应按照 B.8.3 所描述的登入记录表，并不计入全队犯规次数中。

取消资格之犯规，	并不计入全队里。
依照 B.8.3 登记，	

39.3.4 所有涉及在场上打架的队员或在打架之前发生的任何情况的可能存在的犯规罚则，应按第 42 条（特殊情况）处理。

场上打架的队员，	相应犯规之罚则，
或在打架发生前，	按 42 条特殊处。

39.3.5 所有涉及参与打架或任何可能导致打架的情况的第一助理教练、替补队员、出局的队员或随队人员的可能的取消比赛资格的犯规罚则应根据第 38.3.4

条第 6 小点执行。

| 涉及参与了打架，
或涉任何有可能，
导致打架之情形；
无论一助与替补， | 出局或者随队人，
取消资格之犯规，
罚则应当有依据，
就是 38.3.4 点 6。 |

第七章 一般规定

第 40 条 队员 5 次犯规

40.1 一名队员已发生了 5 次犯规时,裁判员应通知其本人,他必须立即离开比赛,并且必须在 30 秒内被替换。

| 发生 5 次犯规时,裁判通知其本人, | 必须立即离比赛,且在 30 秒内换。 |

40.2 已发生了 5 次犯规队员的再次犯规,是出局队员的犯规,应在记录表上的主教练名下登记"B"。

| 已犯 5 次再犯规,作为出局队员犯, | 且记主教一次 B。 |

第 41 条 全队犯规:处罚

41.1 定义

41.1.1 全队犯规是指该队队员被判罚的侵人犯规、技术犯规、违反体育运动精神的犯规或取消比赛资格的犯规。在一节中某队全队犯规已发生了 4 次时,该队处于全队犯规处罚状态。

| 全队犯规队员犯,无论犯规之类型, | 一节总数达 4 次,即处全队处罚态。 |

41.1.2 在比赛休息期间发生的所有全队犯规，应被认为是随后一节或决胜期比赛中的犯规。

| 休息期间之犯规， | 或者后续决胜期， |
| 应被视为后一节， | 比赛之中的犯规。 |

41.1.3 在决胜期内发生的所有全队犯规应被认为是发生在第4节内的。

| 决胜期内全队犯， | 视为犯在第4节。 |

41.2 规定

41.2.1 当某队处于全队犯规处罚状态时，所有随后发生的对未做投篮动作的队员的侵人犯规应被判2次罚球，代替掷球入界。由被犯规的队员执行罚球。

某队犯规已处于，	针对未投篮队员，
全队犯规处罚态，	对其判给2罚球，
随后发生了犯规，	以此代替掷入界。

41.2.2 如果控制活球队的队员或拥有球权队的队员发生了一次侵人犯规，这样的犯规应判对方队员掷球入界。

| 如果某队控活球， | 该队队员侵人犯， |
| 或者已经有球权， | 应判对方掷入界。 |

第42条 特殊情况

42.1 定义

在一次违犯后的同一个停止比赛计时钟期间又发生了一起或多起违犯，或停止比赛计时钟之前已发生了一起或多起犯规时，可能出现特殊情况。

一次违犯后停钟，	又或停钟前已生，
停钟期间又发生，	一或多起违犯时，
一或多起违犯时，	可能出现特殊情。

42.2 程序

42.2.1 应登记所有的犯规，并确认所有的罚则。

| 应记所有的犯规， | 并且确认各罚则。 |

42.2.2　应确定所有犯规发生的次序。

| 犯规顺序应确定。 | |

42.2.3　双方球队所有相等的罚则和所有双方犯规的罚则应按照它们宣判的顺序被抵消。一旦罚则已被登入记录表和抵消，就认为它们从未发生过。

| 所有相等之罚则，
还有双犯之罚则，
应按宣判顺序抵， | 罚则被记并抵消，
视为从未来发生过。 |

42.2.4　如果宣判了一起技术犯规，应先执行该罚则，无论其他犯规的执行顺序是否已经确定，或这些罚则是否已经开始执行。

如果因为第一助理教练、替补队员、出局的队员或随队人员的取消比赛资格的犯规登记在主教练名下的技术犯规，罚则不应首先执行。所有的犯规和违例应按发生的顺序去执行罚则，除非罚则相互抵消。

| 如已宣判一技犯，
应先执行该罚则，
无论其它类犯规，
执行顺序是否定，
或者罚则已开行。
如因一助或替补，
出局或者随队人， | 他们比赛资格消，
主教被登技术犯，
这时罚则不先行；
所有犯规与违例，
按照发生的顺序，
依据罚则去执行，
除非罚则互抵消。 |

42.2.5　作为最后要执行罚则一部分的球权，应当取消任何先前的球权。

| 最后罚则含球权， | 取消先去之球权。 |

42.2.6　在第一次罚球中，或在掷球入界中，一旦球已成为活球，那么该罚则就不能再用来抵消另一罚则。

| 一旦第一次罚球，
或者掷球入界中，
球球已经成活球， | 正在执行之罚则，
不能再用来抵消。 |

42.2.7　所有剩余的罚则应按它们被宣判的顺序执行。

| 所有剩余之罚则， | 按照宣判顺序行。 |

42.2.8 如果双方球队抵消了相等的罚则后,没有留下其他要执行的罚则,比赛应按下述原则重新开始:
- 第一次违犯发生的大约同一时间,如果:
- 中篮或最后一次罚球得分,应将球判给非得分队从该队端线后的任何地点掷球入界。
- 某队已控制球或拥有球权,应将球判给该队从最靠近第一次违犯的地点掷球入界。
- 任一队都没有控制球也没有球权,一次跳球情况发生。

相等罚则抵消后, 没留罚则要执行, 重开比赛按下定: 根据第一次违犯, 大约同一的时间。 如果中篮得了分。 或者最后一罚球, 也是合规得了分。	非得分队端线后, 任意地点掷入界。 如果某队控制球, 或者已拥有球权, 判给该队掷入界, 地点最靠首违犯。 如果没队控制球, 一次跳球来决断。

第 43 条　罚　球

43.1　定义

43.1.1　一次罚球是给予一名队员从罚球线后的半圆内的位置上,在无争抢的情况下得1分的机会。

一次罚球一队员, 罚球线后半园内,	无争抢的情况下, 获得1分的机缘。

43.1.2　由一次单一的犯规罚则带来的所有罚球和随后可能的球权被定义为一个罚球单元。

一次犯规的罚则, 带来所有的罚球,	以及随后的球权, 被定义为一单元。

43.2　规定

43.2.1　当宣判了一起侵人犯规、违反体育运动精神的犯规或有身体接触的取消比赛资格的犯规,应按下述原则判给罚球:

- 被侵犯的队员应执行全部罚球。
- 如果请求替换被侵犯的队员，他必须在离开比赛前执行完该罚则的全部罚球。
- 如果被侵犯的队员因受伤、第 5 次犯规或取消比赛资格而必须离开比赛，替换他的替补队员应执行罚球。如果没有替补队员，应由他的主教练指定任意一名同队队员执行罚球。

侵人违体被宣判， 或因身体有接触， 被宣判了消资格， 罚球按照下述判： 被犯队员执行罚。 如果被犯被替换， 离场之前执行完。	如果被犯已受伤， 或者他已达 5 犯， 替换之人来罚完。 如果没有了替补， 该队主教来决断， 任一同队来罚篮。

43.2.2　当发生了一起技术犯规或非身体接触的取消比赛资格的犯规时，由对方队的主教练指定他球队中的任一队员执行罚球。

当已发生一技犯， 或者取消资格犯， 但是没有身体触，	对方主教来指定， 谁应该去罚球线。

43.2.3　罚球队员：
- 应在罚球线后并在半圆内占据一个位置。
- 可用任何方式罚篮，并且以这样的方式使球从上方进入球篮或球触及篮圈。
- 在裁判员将球置于他可处理后，在 5 秒内应罚篮出手。
- 不应触及罚球线或进入限制区，直到球已进入球篮或已触及篮圈。
- 不应做假动作罚球。

罚球队员罚线后， 半圆之内把位站。 任何方式可罚篮， 只要球从上面进， 或者球球触篮圈。 他可处理球之后，	5 秒之内应出手。 罚时不进限制区， 也不触及罚球线， 直到球球已进篮， 或者已经触篮圈。 假动作罚不应该。

43.2.4　在罚球抢篮板球分位区的队员们有权占据这些空间的交错位置，这些分位区的深度应被看作是 1 米深。（图 7）

在罚球中，这些队员们不应该：
- 占据他们无权占据的罚球抢篮板球分位区。
- 在球离开罚球队员的手前进入限制区、中立区或离开他的罚球抢篮板球分位区。

- 用他的行为扰乱罚球队员。

| 队员位置如图7，分位区内交错站，区的深度为1米。不能占据无权站，球离手前不进区， | 区域包括限制区，也还包括中立区，也不离开分位区。或者用他之行为，扰乱罚球之队员。 |

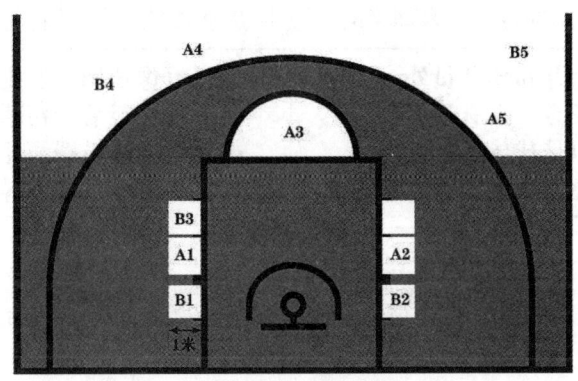

图7 在罚球中队员的位置

43.2.5 不在罚球抢篮板球分位区内的队员们应留在罚

| 如果不在分位区，应留两线之后面， | 罚延线与3分线，直到罚球执行完。 |

球线的延长线和3分投篮线后面，直到罚球结束。

43.2.6 在罚球后接着有另一罚球单元或一次掷球入界，所有队员应在罚球线延长线后面和3分投篮线后面。

违反43.2.3、43.2.4、43.2.5和43.2.6是违例。

| 罚球之后有单元，或有一次掷入界，所有队员应位于， | 罚延3分线后面，违背前述之4款，就是罚球违例犯。 |

43.3 罚则

43.3.1 如果罚球成功并且罚球队员违例，中篮应不计得分。
应将球判给对方队员在罚球线延长线掷球入界，除非还要执行后续的罚球或者球权。

罚球队员有违例， 虽然球球进了篮， 此次中篮不能算。 球权判给对方队，	罚延线外掷入界， 除非后续还罚球， 或者某队有球权。

43.3.2 如果罚球成功并且除罚球队员外的任一队员发生了违例：

- 中篮应计得分。
- 违例应不究。

如果是最后一次的罚球，应将球判给对方队员从端线的任何地点掷球入界。

除开罚球队员外， 任意一人有违例， 但是球球进了篮， 此次中篮得分算。	好像违例没发生。 如是最后一罚球， 对方队员端线外， 任意一点掷入界。

43.3.3 如果罚球不成功并且发生违例：

- 罚球队员或他的同队队员在最后一次罚球中违例，应将球判给对方队员从罚球线延长线掷球入界，除非该队有进一步的球权。
- 罚球队员的对方队员违例，应判给罚球队员再罚球一次。
- 双方球队在最后一次罚球中都违例，一次跳球情况发生。

如果罚球不成功， 并且发生了违例， 按照下述来决判： 罚球队员或队友， 最后一罚中违例， 对方罚延掷入界。	除非已经违例方， 还有进一步球权。 对方队员如违例， 罚球队员再罚篮。 最后一罚都违例， 一次跳球已发生。

第44条 可纠正的失误

44.1 定义

如果仅在下述情况中某条规则被无意地忽视了，裁判员可纠正该失误：

- 判给不应得的罚球。
- 没有判给应得的罚球。
- 不正确地判给得分或取消得分。
- 允许不该罚球的队员执行罚球。

下述几种情况中，	没判应得之罚球；
无意忽视某规则，	错判得分或取消；
裁判可纠该失误：	允许不该罚球人，
判给不应罚之球；	已经执行了罚球。

44.2 一般程序

44.2.1 要纠正上述提到的失误，它们必须在失误后且开动了比赛计时钟之后的第一次死球后、球成活球之前被裁判员、技术代表（如到场）或记录台人员发现。在结束比赛计时钟信号响且球成死球后，这些失误不再是可纠正的。

要纠上述之失误，	记录人员或代表，
必待失误发生后，	如果发现也算数。
并且时钟已开动，	结束比赛信号响，
接着出现一死球，	并且球成死球后，
球态变成活球前，	这些失误不可纠。
裁判发现了失误，	

44.2.2 发现了一起可纠正的失误时，裁判员可立即停止比赛；只要不把任一队置于不利。

| 可纠失误被发现， | 裁判可立停比赛。 |
| 不置任意队不利， | |

44.2.3 在失误发生了之后到失误被发现之前，可能发生的任何犯规、得分、用去的时间和附加的活动，应保持有效。

失误发生发现间，	以及附加的活动，
任何犯规与得分，	保持有效才合规。
已经用去的时间，	

失误得到纠正后，	就从何处重回归，
除非规则另有规，	球权判给停赛时，
比赛何处被停止，	已经拥有球权队。

44.2.4 在失误纠正之后，除非规则另有规定，比赛应在纠正失误停止比赛的地点重新开始，应将球判给在纠正失误停止比赛时拥球权的球队。

44.2.5 一旦一个可纠正的失误被发现了，并且：

- 如果涉及纠正失误的队员已被合法替换后坐在球队席上，他必须重新进入比赛场地参加该失误的纠正，此时他成为一名队员。

在完成纠正后，他可以继续留在比赛中，除非已再次请求了一次合法的替换，在此情况下他才可以离开比赛场地。

- 如果该队员因为受伤或者接受协助、5 次犯规或者已被取消比赛资格而被替换，替换他的队员必须参加该失误的纠正。

可纠失误被发现， 涉及队员已被换， 并且坐在球队席， 他必重新回场地， 变成队员纠失误， 纠正之后可续赛， 除非再次请求换，	此时他可离场地。 如果因伤或受助， 或者因为5次犯， 又或资格被取消， 或者资格被取消， 替换他的新队员， 参加失误之纠正。

44.2.6 主裁判员在记录表上签字前，记录台人员在记录、比赛计时钟和进攻计时钟操作中的任何失误，包括比分、犯规次数、暂停次数、消耗或遗漏的比赛时间和进攻时间，裁判员可在任何时间改正。

主裁判员签字前， 记录台人有失误， 涉及比赛之记录， 或者两钟之操作， 包括比分犯规数，	还有暂停之次数， 以及比赛或进攻， 已耗或者遗漏时， 任何时间可纠误。

44.3 特殊程序

44.3.1 判给不应得的罚球。
由于失误而执行的罚球应被取消，并且比赛应按下述原则重新开始：

- 如果失误之后比赛计时钟没有开动，应将球判给罚球被取消的队从罚球线延长线掷球入界。
- 如果失误之后比赛计时钟已开动，并且：
——在失误被发现时控制球（或拥有球权）的队与该失误发生时控制球的队是同一队，或
——在失误被发现时没有球队控制球，
应将球判给在失误发生时拥有球权的队。
- 如果比赛计时钟已开动，并且在该失误被发现时，控制球（或拥有球权）的队是在失误发生时控制球的队的对方球队，一次跳球情况发生。
- 如果比赛计时钟已开动，并且该失误被发现时，判了一个包含罚球的犯规罚则，应该执行罚球。然后，将球判给在该失误发生时控制球的队掷球入界。

判给不应得罚球， 罚球应当被取消， 重新开赛按下条： 如果失误发生后， 比赛时钟未开动， 罚球被取之球队， 罚延线上掷入界。 如果失误发生后， 比赛时钟已开动， 并且失误发现时， 控球或有球权队， 就是失误发生时， 控制球的同一队； 或者失误发现时， 没有球队控制球， 球权应当判罚给，	失误发生之时刻， 拥有球权的球队。 比赛时钟已开动， 并且失误发现时， 控球或者有球权， 是在失误发生时， 控球队的对方队， 一次跳球来了却。 比赛时钟已开动， 并且失误发现时， 判了犯规含罚球， 罚球应当被执行， 罚球之后要遵循， 失误发生之时刻， 控球之队来掷入。

44.3.2 没有判给应得的罚球。

- 如果在该失误发生后球权没有改变，在失误纠正后应如同任何正常的最后一次罚球后一样地重新开始比赛。
- 如果在错误地判给了掷球入界的球权之后，该队得分了，则失误应不究。

没判应得之罚球， 如果失误发生后， 球权并未有改变， 失误在被纠正后， 如同正常最后罚，	罚球之后上赛路。 如误判予掷入界， 并且随后得了分， 这个失误不予纠。

44.3.3 允许错误的球员执行了罚球。

该执行的罚球应被取消，如有作为罚则的一部分的球权，也应被取消，并将球判给对方从罚球线的延长线掷球入界，除非比赛继续进行并且为了纠正失误而被停止，或者还有另外的违犯罚则要执行。在这样的情况下，比赛应在纠正失误停止比赛的地点重新开始。

允许错误的球员， 已经执行了罚球， 罚球应当被取消， 如果罚则含球权， 也应一同被取消， 然后球权判对方， 罚延线上掷入界，	除非为了纠失误， 比赛继续但被停， 或者还有另外的， 犯规罚则要执行。 在这样的情形下， 应在为了纠失误， 停止比赛处继续，

第八章 裁判员、记录台人员和技术代表：职责和权力

第 45 条　　裁判员、记录台人员和技术代表

45.1 裁判员应是 1 名主裁判员和 1 名或 2 名副裁判员。他们由记录台人员和到场的技术代表协助。

| 裁判包括主副裁，
1 主 1 副或 2 副，
记录人员来协助， | 到场技术之代表，
也要一起来协助。 |

45.2 记录台人员应是 1 名记录员、1 名助理记录员、1 名计时员和 1 名进攻计时员。

| 1 名记录 1 名助，
再添 1 名计时员， | 进攻计时也一位，
组成记录台人员。 |

45.3 到场的技术代表应坐在记录员和计时员之间。比赛中他的主要职责是监督记录台人员的工作，并协助主裁判员和副裁判员使比赛顺利进行。

| 到了场的技术代，
坐在记录计时间，
主要职责是监督， | 并且协助主副裁，
以使比赛顺向前。 |

45.4 担任 1 场比赛的裁判员不应与场上任一队有任何方式的联系。

1 场比赛之裁判，不与场上任意队，	存在任何方式联。

45.5 裁判员、记录台人员和技术代表应按照这些规则来指导比赛并无权改变这些规则。

技术代表与裁判，还有记录台人员，	按照规则导比赛，但是无权变规则。

45.6 裁判员的服装应由裁判衫、黑色长裤、黑色袜子和黑色篮球鞋组成。

裁判服装有规定，黑鞋黑袜黑长裤，	上面还有裁判衫。

45.7 裁判员和记录台人员应分别着装一致。

记录台人与裁判，	分别着装要一致。

第 46 条 主裁判员：职责和权力

主裁判员应：

46.1 检查和批准在比赛中使用的所有器材。

主裁员应负责，	检查批准各器材。

46.2 指定正式的比赛计时钟、进攻计时钟、秒表，并确认记录台人员。

指定正式之两钟，还有比赛用秒表，	确认记录台人员。

46.3 从主队提供的至少 2 个用过的球中挑选比赛球。如果 2 个球中没有一个适宜作为比赛球，他可在提供的球中挑选最好的。

主队至少供 2 球，2 球皆已被用过，从中挑选比赛球，	如果 2 球皆不宜，选择所供最好球。

46.4 不允许任何队员佩戴可能对其他队员造成伤害的物品。

不许任何一队员，	佩戴可能致伤物。

46.5 在第 1 节开始时执行跳球，在所有其他节和决胜期开始时管理掷球入界。

第一节始执跳球，其余各节与决胜，	开始之时管掷球。

46.6 当情况需要时有权停止比赛。

有权据情停比赛。	

46.7 有权判定某队弃权。

某队弃权由他判。	

46.8 在比赛时间结束时，或在任何他认为有必要的时候，仔细地审查记录表。

比赛时间结束时，或者他觉必要时，	仔细审查记录表。

46.9 在比赛时间结束时核准记录表并在上面签字，终止裁判员对比赛的管理，以及裁判员和比赛的联系。裁判员的权力应从预定的比赛开始时间前 20 分钟到达比赛场地时开始，当结束比赛的计时钟信号响并被裁判员认可时，裁判员的权力结束。

比赛结束信号响， 主裁核准并签字， 终止管理与联系。 20 分钟比赛前，	裁判到场被赋权， 比赛结束信号响， 并被裁判认可时， 裁判权力结束了。

46.10 在记录表上签字之前，在更衣室里在记录表的背面记录：

- 任何弃权或取消比赛资格犯规。
- 任何队员、主教练、助理教练和随队人员在早于预定比赛开始前 20 分钟或者在比赛时间结束和核准记录表并签字之间发生了违反体育运动精神的行为。

在这种情况下，主裁判员（或到场的技术代表）必须向竞赛的组织部送交详细的报告。

记录表上签字前， 更衣室里表背面， 需要记录如下点： 任何弃权与取消； 还有赛前 20 分， 或从比赛结束时， 延至主裁签字间，	任何队员与主教， 助教以及随队人， 发生违体之行为。 主裁就此须详报， 报向组织之部门， 技术代表如到场， 也可由他来详报。

46.11 每当有必要或裁判员的意见不一致时做出最终的决定。为做出最终的决定，他可与副裁判员、到场的技术代表和/或记录台人员商量。

裁判意见不一致， 或者每当必要时， 主裁最终做决定。 做出最终决定前，	可与副裁与技代， 和/或记录台人员， 商量方式解疑难。

46.12 在比赛中使用即时回放的情况请参照附录 F。

比赛之中用回放，	附录 F 去参照。

46.13 计时员提醒时间后，距离第 1 节和第 3 节开始还有 3 分钟和 1.5 分钟时，主裁判员应鸣哨。同样，距离第 2 节和第 4 节，以及每一决胜期开始还有 30 秒时应鸣哨。

| 计时提醒时间后，
第 1 节前 3 分钟，
第 3 节前 1 分半， | 2/4 两节与决胜，
开始之前 30 秒，
主裁应当把哨响。 |

46.14 有权对本规则中未明确规定的任何事项做出决定。

| 规则未明之事项， | 主裁有权做决定。 |

第 47 条　裁判员：职责和权力

47.1 裁判员有权对不论发生在界线内或界线外（包括记录台、球队席及紧靠线后的区域）所发生的对规则的违犯做出宣判。

| 无论界内或界外，
包括球席记录台，
以及紧靠线后区， | 如有规则的违犯，
裁判有权做宣判。 |

47.2 当发生一起违犯规则、一节或决胜期结束，或裁判员发现有必要停止比赛时，裁判员应鸣哨。在一次成功的中篮、一次成功的罚球之后或当球成活球时，裁判员不应鸣哨。

| 发生一起违规则，
或遇比赛结束点，
无论一节或决胜，
或有必要停比赛，
裁判应当鸣其哨。 | 一次成功中篮后，
或一成功罚球后，
又或球成活球时，
裁判哨子不应响。 |

47.3 当判定一起违犯时，裁判员应在每个实例中遵循和权衡下列基本原则：

• 规则的精神和意图，以及坚持比赛完整的需要。

- 运用"有利/无利"概念中的一致性，裁判员不应企图靠不必要的打断比赛的流畅来处罚附带的身体接触，况且这样的接触没有让有责任的队员获利，也未置对方队员于不利。
- 在每场比赛中运用常识的一致性，要记住有关队员的能力，以及他们在比赛中的态度和行为。
- 在比赛控制和比赛流畅之间保持平衡的一致性，对于参与者们正想做什么，以及宣判什么对比赛是正确的，要有一种"感觉"。

判定一起违犯时， 遵循以下之原则： 规则精神与意图， 比赛完整之需求。 有利无利要一致， 裁判不应企图靠， 不必要的断比赛， 以此处罚附带触， 只要接触没获益， 也未置对方不利。	每场常识要一致， 队员能力记心里， 还有态度与行为。 比赛控制与流畅， 之间平衡要一致， 参与者正想什么， 以及自己判什么， 对于比赛才正确， 心中要有一感觉。

47.4 如果其中一支球队提出申诉，主裁判员（或到场的技术代表）在收到球队提交的申诉原因后，应将该起申诉的事件情况书面报告给竞赛的组织部门。

如有一队提申诉， 主裁或者技代表， 技术代表如到场，	收到申诉原因后， 应将申诉之事件， 书面报向组织端。

47.5 如果一位裁判员受伤或因任何其他原因，在事故发生的 5 分钟内还不能继续执行职责，比赛应继续。剩余的裁判员应一直执裁到比赛结束，除非有符合资格的替补裁判员替换他的可能性。在与到场的技术代表商议之后，剩余的裁判员将决定该可能的更换。

一位裁判如受伤， 或因任何其它因， 事故发生5分内， 不能继续履职责， 剩余裁判应执裁，	直到比赛时间完， 除非还有替补在， 符合资格可能换， 待与代表商量后， 剩余裁判来决断。

47.6 对所有的国际比赛，如果有必要用口语使宣判清楚，则应使用英语。

对于所有国际赛，如有必要用口语，	则应限定用英语。

47.7 每位裁判员有权在他的职责范围内做出宣判，但他无权漠视或质问另一（两）位裁判员做出的宣判。

每一裁判皆有权，职责之内做宣判，	无权蔑视或质问，其他裁判之宣判。

47.8 不论是否作出明确的决定，裁判员对国际篮联篮球规则的执行和解释是最终的，不能被争辩或漠视，除非是已被允许申诉的情况。（参见 C—申诉程序）。

不论决定明确否，规则执行与解释，裁判员为最终端，	不能争辩或漠视，除非已被许申诉。

第 48 条　记录员和助理记录员：职责

48.1 应给记录员提供记录表，他应：

- 登记比赛开始时上场的队员和所有参加比赛的替补队员的姓名和号码。当涉及比赛开始时上场的 5 名队员、替换或队员的号码违反规则时，他必须立即通知最靠近的裁判员。
- 在累积分表上登记投篮和罚球得分。
- 把每名球员的犯规登记在其名下。他应把每一主教练的犯规登记在其名下，当主教练被取消比赛资格时，他必须立即通知裁判员。同样，当某队员已发生 2 次技术犯规、2 次违反体育运动精神的犯规或一次技术犯规和一次违反体育运动精神的犯规并应被取消比赛资格时，他必须立即通知裁判员。
- 登记暂停。当某队已提出暂停请求，在出现暂停机会时通知裁判员。当主教练在该半时或决胜期中不再有剩余暂停时，他必须通过裁判员通知该主教练。

- 操作交替拥有箭号来指明下一次交替拥有。上半时结束后，由于球队在下半时将交换球篮，记录员应立即反转交替拥有箭头的方向。
- 在双方球队的主教练挑战均被允许后。如果一名主教练员错误地请求他的第2次挑战时，记录员必须立即通知最靠近的裁判员。

给其提供记录表， 登记首发与替补， 包括名字与号码， 涉及首发5队员， 还有替换与队员， 号码违犯规则时， 立告最近裁判员。 累积分表做登记， 记下投罚所得分。 球员主教如犯规， 登其名下不乱飞， 主教资格被取消， 立即通知裁判员。 队员技犯或违体， 单或组合达2次，	应被取消资格时， 立告最近裁判员。 登记应记之暂停， 半时或者决胜期， 主教不再有暂停， 通过裁判告主教。 操作交替之箭号， 指明下一次拥有， 半时结束换球篮， 立转箭头不等闲。 双方球队主教练， 挑战均被允许后， 如果一位主教练， 错误请求第2次， 立告最近裁判员。

48.2 助理记录员应操纵记录屏和协助记录员和计时员。如果记录屏和记录表之间的任何差异不能被解决，应以记录表为准，并将记录屏做相应的改正。

助理记录操纵屏， 并要协助记录员， 还要协助计时员，	屏表之间有差异， 应以记录表为准， 记录屏上做修正。

48.3 如果发现记录表上的记录错误：

- 在比赛中，记录员必须等到第一次死球时才发出信号。
- 在比赛时间结束之后，和在主裁判员签字之前，该错误应被改正，即使这个改正影响比赛的最终结果。
- 在主裁判员已在记录表上签字之后，该错误不再可能被改正。主裁判员或到场的技术代表必须向竞赛的组织部门送交详细的报告。

记录表上发现错， 记录员要先等待， 等到第一次死球， 才可发出其信号。 比赛时间结束后， 主裁判员签字前， 错误应当被改正，	即使影响最终果。 主裁判员签字后， 错误不能再修改。 主裁或者技代表， 技术代表如到场， 必交详细的报告， 交向竞赛组织部。

第 49 条　计时员：职责

49.1　应给计时员提供一块比赛计时钟和一块计秒表，计时员应该：

- 计量比赛时间、暂停和比赛休息期间。
- 保证一节或决胜期比赛时间结束时自动地发出非常响亮的信号。
- 如果信号失灵或未被听到，应立即使用任何可能的办法通知裁判员。
- 每一队员发生犯规时，举示队员犯规次数牌，使双方主教练能清楚看到该队员的犯规次数。
- 当登记任一队员第 5 次犯规时立即通知裁判员。
- 操作放置在记录台两端最靠近双方球队席的全队犯规指示器，全队犯规指示器应实时显示全队犯规次数，并且在一节中某队全队犯规次数累计已达 4 次且球再次成为活球时，全屏显示红色，而不再显示犯规次数。
- 发出替换信号。
- 发出暂停信号。当某队已提出暂停请求，在出现暂停机会时通知裁判员。
- 只有在球成为死球，并且球再次成为活球之前发出信号。计时员的信号不停止比赛计时钟或比赛，也不使球成死球。

应该配给计时员， 一块比赛计时钟， 还有一块计秒表， 他应计量比赛时， 也计暂停休息期。 还应保证比赛钟， 每节决胜结束时， 自动发出响信号。 如遇信号失灵了， 或者没有被听到， 立用可能之办法， 通知裁判此信息。 每一队员犯规时， 举其犯规次数牌， 要使主教皆能见， 该队员的犯规数。 操作队犯指示器， 其被置于记录台， 两端最靠球席处，	放置两个显示器， 显示全队犯规数， 一节某队全队犯， 累计次数已达4， 且球再成活球时， 指示全屏显红色， 不再显示犯规数。 发出替换之信号。 发出暂停之信号， 某队已经请暂停， 暂停机会告裁判。 只有球已成死球， 并且再成活球前， 计时才能发信号， 信号意义有要求： 不停比赛计时钟， 亦不能够停比赛， 也不使球成死球。

49.2　计时员应按下列所述计量比赛时间：

·开动比赛计时钟，当：

——跳球中，球被跳球队员合法地拍击时。

——最后一次罚球不成功，并且球继续是活球，球接触任一场上队员或被他接触时。

——掷球入界中，球接触任一场上队员或被他合法接触时。

·停止比赛计时钟，当：

——在一节或决胜期比赛结束的时间终了，但比赛计时钟没有自动停止时。

——活球中裁判员鸣哨时。

——某队已请求暂停，对方队中篮得分时。

——在第4节和每一决胜期比赛计时钟显示2：00分钟或更少中篮得分时。

——某队控制球，进攻计时钟响起信号时。

计时应该按下述：	比赛结束时间终，
计量比赛之时间。	但是比赛计时钟，
球处跳球过程中，	没有自动停止时。
球被合法拍击时，	活球裁判鸣哨时。
最后一罚不成功，	某队已请求暂停，
并且继续是活球，	对方投篮得分时。
球触场上一队员，	第4节和每决胜，
或被队员接触时。	时钟显示2分钟。
掷球入界过程中，	或者显示更少时，
球触场上一队员，	某队投篮得分时。
或者被他合法触，	某队正在控制球，
开动比赛计时钟。	进攻时钟响起时，
一节或者决胜期，	停止比赛计时钟。

49.3　计时员应按下列所述计量暂停：

- 裁判员鸣哨并给出暂停手势，立即开动秒表。
- 当暂停已走过50秒时发出他的信号。
- 当暂停已结束时发出他的信号。

计时使用一秒表，	暂停已过50秒，
按照下述计暂停：	还有暂停结束时，
裁判鸣哨并手势，	皆要发出其信号。
立即开动其秒表，	

49.4　计时员应按下列所述计量比赛休息时间：

- 先前的一节或决胜期已结束，立即开动秒表。
- 在第1节和第3节之前，距该节或决胜期开始剩余3分钟、1分30秒时通知裁判员。
- 在第2节和第4节和每一决胜期之前，距该节或决胜期开始剩余30秒时发出他的信号。
- 当比赛休息时间结束时，发出他的信号并同时立即停止秒表。

计量比赛休息时，	此时通知裁判员。
按照下述来执行：	第二和第四节前，
先前一节或决胜，	还有每一决胜前，
比赛结束立开表。	还有30秒开赛，
第一和第三节前，	此时发出其信号。
还有3分钟开赛，	休息时间结束时，
或者还有1分半，	发出信号停其表。

第 50 条　进攻计时员：职责

应给进攻计时员提供一个进攻计时钟，并按下述要求操作：

一个进攻计时钟，配给进攻计时员，	并按下述来操作。

50.1　开动或重新开动进攻计时钟，当：

- 某队在场上控制活球时。此后对方队员仅仅接触球，而原控制球队依然控制球时，则不开始一个新的进攻时间周期。
- 在掷球入界中，球接触或者被场上任何队员合法接触时。

某队场上控活球，对方队员仅触球，该队仍然控制球，进攻计时继续走。	某队掷球入界中，球触场上一队员，或被队员合法触，开或重开进攻钟。

50.2　停止但不复位进攻计时钟，且剩余时间可见，当判给原控制球队掷球入界，因为：

- 球出界
- 一名同队队员受。
- 该队被判技术犯规。
- 一次跳球情况（球夹在篮圈与篮板之间除外）。
- 一次双方犯规。
- 判给双方球队的相等罚则相互抵消。

停止但不复位进攻计时钟且剩余时间可见，当判给原控制球队掷球入界，作为犯规或违例的结果进攻计时钟显示 14 秒或更多。

停止进攻计时钟，但是不给予复位，而且剩余时可见，当判原来控球队，获得掷球入界权。由于如下之原因：球球已经出了界。一名队友受了伤。	该队被判技术犯。一次跳球情况现，球夹圈板要除外。一次双方之犯规。相等罚则互抵消。此时进攻计时钟，显示 14 或更多。

50.3 停止进攻计时钟并复位到 24 秒但不显示进攻时间，当：

- 球合法地进入球篮。
- 球接触对方球篮的篮圈，并且控制球的队不是球接触篮球前的控制球队。
- 某队获得后场掷球入界球权：
——作为一次犯规或违例的结果（球出界除外）。
——作为跳球情况的结果，球队先前没有控制球。
——比赛因与控制球队无关的行为被停止。
——比赛因与双方都无关的行为被停止，除非对方会被置于不利。
- 某队获得罚球。

停止进攻计时钟， 并且复位到 24， 但不显示进攻时， 每当下述之时候： 球球合法入球篮； 或者球触对方圈， 球球触及篮圈后， 接着控制球的队， 不是球触篮圈前， 控制球的同一队； 又或后场获掷入，	因为下列之因素， 一次犯规违例果。 （但球出界要除外） 球队先前没控球， 一次跳球情况果。 有些行为停止比赛， 但与控球队无关， 或与双方都无关， 除非置对方不利。 再或球队或罚球。

50.4 停止进攻计时钟并复位到 14 秒，且 14 秒可见，当：

停止进攻计时钟， 并且复位到 14，	14 要求为可见， 每当如下情况时：

- 判给原控制球队在前场掷球入界并且进攻计时钟显示 13 秒或少于 13 秒：
——作为一次犯规或违例的结果（（球出界除外）。
——比赛因与控制球队无关的行为被停止。
——比赛因与双方都无关的行为被停止，除非对方会被置于不利。

原来控制球的队， 获判前场之掷入， 并且进攻计时钟， 显示 13 或更少， 获判掷入是由于： 犯规违例之结果，	但球出界不算数， 或因比赛被停止， 但与控球队无关， 或与双方队无关， 除非置对方不利。

- 作为一个结果，之前未控制球的队应在前场掷球入界：
——侵人犯规或违例（包括出界）。
——跳球情况。

侵人犯规或违例，还要包括球出界，或因跳球所导致，	之前未控球之队，获判前场之掷入。

- 作为一次违反体有运动精神的犯规或取消比赛资格的犯规的结果，从该队前场掷球入界线处执行掷球入界。

违体犯规所导致，或因取消资格致，	该队获判了掷入，前场掷球入界处。

- 在一次不成功的投篮（包括球夹在篮圈与篮板之间时）、最后一次不成功的罚球、或者一次传球，球接触篮圈后，如果重新控制球的队和球触圈前控制球的队是同一队。

投或最后一罚球，没有成功触圈后，包括球夹圈板间，	或一传球触圈后，重新控制球之队，球触圈前也控球。

- 第 4 节或每一决胜期比赛计时钟显示 2：00 分钟或更少，后场拥有球权的队请求了一次暂停，主教练决定比赛由该队从其前场掷球入界线处掷球入界线处重新开始且比赛计时钟停止时进攻计时钟显示 14 秒或更多。

第 4 节或每决胜，比赛时钟显示 2，或者显示更少时，后场拥有球权队，已经请求一暂停，主教随后做决定，	从其前场掷入处，掷球入界续比赛；并且比赛计时钟，在被停止之时刻，进攻计时显 14，或者显示为更多。

50.5 在任一节或决胜期中，每当球成死球并且比赛计时钟停止时，任一球队获得新的控制球，并且比赛计时钟少于 14 秒，应关闭进攻计时钟。

进攻计时钟的信号既不停止比赛计时钟或比赛，也不使球成死球（某队正控制球除外）。

一节或者决胜中， 每当球球成死球， 一队获得新控球， 并且比赛计时钟， 在被停止之时刻， 显示少于14秒，	关闭进攻计时钟。 进攻计时钟信号， 不停比赛计时钟， 也不能够停比赛， 还不使球成死球， 但正控球要除外。

后 记

　　书面规则，文句缜密，创编成口诀并非想象那么容易，各条中又有细款，工作量较大，笔者多次欲弃。可是将前期创编的口诀送给工作圈内的一些体育专业的学生、老师，一些篮球俱乐部的裁判员、运动员、教练员试用，皆有裨益、效果良好，笔者从中获得了鼓舞与动力。至今，创编工作终于全部完成，在此，对他们给予的帮助表示感谢。同时，特别致谢中国篮球协会与北京体育大学出版社，因为本口诀以其审定出版的《篮球规则2022》中文版原文为蓝本，如果没有规则原文，口诀则无创编的基础，本书采用原文与口诀并存的排版形式，对规则理解能更快、更深透，在此特别说明，如涉及相关知识产权事务，请与笔者联系。E-MAIL：1586449213@qq.com.

参考文献

[1] http://www.Fiba.Basketball/, Offical Basketball Rules 2022-v1.1 Valid as of Ocotober 1,2022.

[2] 尼克·温克尔曼著. 王雄译注. 执教的语言——动作教学中的科学与艺术[M]. 人民邮电出版社, 2022, 04.

[3] 中国篮球协会. 篮球规则 2022 [M]. 北京体育大学出版社, 2022, 12.

[4] 曾红卒. 篮球裁判员基本素质 [M]. 科学出版社, 2011, 10.

[5] 张霖. 篮球裁判理论与实践教程 [M]. 北京体育大学出版社, 2010, 08.

[6] 卢桂英. 体育教学口诀创编的思考—以排球正面双手上手传球单元为例 [J]. 高考, 2020 (30).

[7] 柳惠斌. 体育教学口诀的特点、运用及问题对策 [J]. 体育师友, 2018, 1.

[8] 孙建顺. 体育教学中口诀运用的误区与对策 [J]. 体育教学, 2014, 34 (03).

[9] 王蔚. 创编中小学体育教学口诀的实践研究 [J]. 中国学校体育, 2014 (06).

[10] 胡敏. 篮球教学中的口诀运用 [J]. 四川体育科学, 2004 (4).

[11] 胡清善. 篮球技术动作口诀教学法浅析 [J]. 体育教学, 2003 (07).

[12] 陈春娜. 浅谈体育教师的语言技巧——口诀 [J]. 教育实践与研究, 2002, (08).

[13] 林燕婷. 研究活动细节 完善认知结构——以"5 的乘法口诀"教学为例 [J]. 小学数学教育, 2019 (10).

[14] 曹强强, 李媛. 情景教学法结合口诀记忆法在解剖学教学中的应用 [J]. 齐齐哈尔医学院学报, 2015 (36).

[15] 王学红. 事半功倍的"口诀"教学法 [J]. 学周刊, 2014 (34).